EDITORA AFILIADA

Os Objetivos, a Filosofia e a Missão da Editora Martin Claret

O principal Objetivo da **Martin Claret** é continuar a desenvolver uma grande e poderosa empresa editorial brasileira, para melhor servir a seus leitores.

A Filosofia de trabalho da **Martin Claret** consiste em criar, inovar, produzir e distribuir, sinergicamente, livros da melhor qualidade editorial e gráfica, para o maior número de leitores e por um preço economicamente acessível.

A Missão da **Martin Claret** é a de conscientizar e motivar as pessoas a desenvolver e utilizar o seu pleno potencial espiritual, mental e social.

A **Martin Claret** está empenhada em contribuir para a difusão da educação e da cultura, por meio do livro popular, usando todos os canais ortodoxos e heterodoxos de comercialização.

A **Martin Claret**, em sua missão empresarial, acredita na verdadeira função do livro: o livro muda as pessoas.

A **Martin Claret**, em sua vocação educacional, deseja, por meio do livro, claretizar, otimizar e iluminar a vida das pessoas.

Revolucione-se: leia mais para ser mais!

ÉDOUARD SCHURÉ
Os Grandes Iniciados

5
Orfeu

MARTIN CLARET

CRÉDITOS

© *Copyright* desta tradução: Editora Martin Claret, 2003
Título original: *Les Grands Initiés* (1889)

**IDEALIZAÇÃO E
REALIZAÇÃO**
Martin Claret

MIOLO
Revisão
Eliana de Fátima Rodrigues

Tradução
Domingos Guimarães

Projeto Gráfico
José Duarte. T de Castro

Direção de Arte
José Duarte T. de Castro

Digitação
Conceição A. G. Leonardo

Editoração Eletrônica
Editora Martin Claret

Fotolitos da Capa
OESP

Papel
Off-Set, 70g/m²

Impressão e Acabamento
Paulus Gráfica

EDITORA MARTIN CLARET
R. Alegrete, 62 - Bairro Sumaré - CEP: 01254-010
São Paulo - SP - Tel.: (11) 3672-8144 - Fax: (11) 3673-7146

www.martinclaret.com.br

Este livro foi composto e impresso no inverno de 2003.

Prefácio do editor para esta edição brasileira

MARTIN CLARET

A extraordinária obra de Édouard Schuré, Os Grandes Iniciados, *escrita e publicada em Paris no fim do século XVIII, constitui um fenômeno literário raramente igualado.*

A princípio recebida sem entusiasmo, foi, no passar do tempo, impondo-se até se tornar, silenciosamente, um autêntico best-seller *mundial.*

Estranhamente, foi a partir da Primeira Grande Guerra — época de grandes sofrimentos — que a obra começou a ser lida, primeiro na Europa e em seguida em todos os outros continentes, com uma procura quase obsessiva. Na França o livro já atingiu mais de 200 edições, tendo sido traduzido para praticamente todos os idiomas. Uma séria estatística contabilizou a incrível quantidade de mais de 60 milhões de exemplares vendidos no mundo inteiro.

Nesta obra imortal, Schuré analisa e constrói um grande esboço da História Secreta das Religiões. As doutrinas de mistérios, as tradições esotéricas, as grandes mensagens dos iniciados, profetas e reformadores do conhecimento humano, são aqui decifradas e trazidas ao mundo de nossos dias.

Outro grande esforço do autor é tentar harmonizar o permanente conflito entre Religião e Ciência. Na introdução da obra, ele afirma: "A Ciência e a Religião perderam, uma e outra, o seu dom supremo — que é a educação da consciência humana. Está perdida a arte de formar-se e criar-se almas e ela só será redescoberta quando a Ciência e a Religião, repensadas e refundidas em uma única força viva, convergirem para a sublime tarefa de magnificar a Humanidade".

Três conceitos-chave dominam a obra toda, estruturando-lhe o arcabouço e a unidade:

1º) Conceito Cosmogônico: *a concordância do macrocosmo e do microcosmo pela constituição trinitária da divindade, do universo e do homem.*

2º) Conceito Psicológico: *a evolução dos seres pela pluralidade das existências.*

3º) Conceito Histórico: *a evolução da humanidade pela combinação da liberdade humana e de um influxo divino.*

Mas somos obrigados a declarar que Os Grandes Iniciados *é mais obra de poeta do que de historiador, e que grande parte dela foi concedida à imaginação e à intuição do autor.*

Mesmo assim, a obra cataliza em si mesma um incrível centro de força que, há cem anos, continua a irradiar sagrada inspiração a quantos a lerem.

A obra é didaticamente dividida em oito partes ou livros, como chama o autor. Em Rama *e* Krishna, *são estudadas a origem da raça ariana e do Bramanismo.*

Em Hermes, *são analisados os mistérios do antigo Egito, onde os reis e sacerdotes de Amon-Rá praticavam a alta magia e os rituais ocultistas. Os primórdios da tradição monoteística judaica e a cabala da Caldéia são estudados em* Moisés. *Em* Orfeu *e* Pitágoras, *são abordados os mistérios de Dioníso, de Delfos e as tradições órficas. Os mistérios de Elêusis são historiados em* Platão. *No último livro, Schuré apresenta a história de Jesus, narrando sua iniciação junto à comunidade dos Essênios, no mar Morto, e outras passagens simbólicas do Novo Testamento.*

Nesta nova apresentação da obra de Schuré, feita para nossos dias e para nossa realidade tecnológica, resolvemos apresentar cada livro separadamente, no formato de bolso, acrescentando ao texto original um novo material complementar.

A tradução usada é a tradução portuguesa de Domingos Guimarães, atualizada segundo a ortografia brasileira.

Os Grandes Iniciados *é uma obra inspiradora. Como editor, sinto-me honrado e feliz em poder oferecê-la, em texto integral, aos leitores brasileiros.*

A ALMA É A CHAVE
DO UNIVERSO

PREFÁCIO DO AUTOR

Os Grandes Iniciados *teve um destino estranho. A primeira edição do livro remonta a 1889. Foi acolhido então pelo silêncio glacial da imprensa. Entretanto, decorrido pouco tempo, as edições subseqüentes se multiplicaram e vieram em um crescendo de ano para ano. Suas idéias pareceram, a princípio, surpreendentes para a maioria dos leitores. Elas excitavam igualmente a desconfiança da Universidade e da Igreja. A frieza e o desprezo que lhe testemunhavam entre nós os mais autorizados juízes não impediu, entretanto, seu sucesso europeu.*

O livro o obtivera por suas próprias forças e prosseguia modesta, mas firmemente, seu caminho na obscuridade. Tive a prova disto por meio das mensagens de simpatia que chegavam a mim de todos os cantos do mundo: e eu as recebi dos cinco continentes. Este movimento teve seu refluxo na França. Durante a guerra de 1914 a 1918, inúmeras cartas de felicitação e de interrogação se acumularam em minha casa. As mais sérias vinham da frente do combate. Desde então, houve tal acelera-

ção no consumo da obra que meu distinto e sensato amigo, André Bellessort, pôde me dizer um dia: "Você conquistou não somente o seu público, mas o público".

Os Grandes Iniciados chega hoje à sua 91ª edição. Ora, estando gastos os clichês que serviram para todas as reimpressões, a Livraria Perrin teve que recompor a obra, tendo em vista uma edição revista e corrigida. Aproveito esta ocasião para homenagear a memória de M. Paul Perrin, o engenhoso literato possuidor de um julgamento tão penetrante e tão seguro que foi o primeiro editor deste livro e seu defensor entusiasta. Devo também calorosos agradecimentos a meus amigos, Alphonse Roux e Robert Veyssié, que foram os primeiros a fazer um estudo aprofundado do conjunto de minha obra[1]; e à senhora Jean Dornis, cujo brilhante volume, Un Celte d'Alsace, forneceu um bosquejo[2] genial de meu esforço literário e poético[3].

Visto que Os Grandes Iniciados prosseguiu em sua marcha ascendente e superou todos os obstáculos, malgrado os preconceitos tradicionais, devo concluir que existe uma força vital em seu pensamento mestre. Este pensamento não é outro senão uma aproximação lúcida e resoluta entre Ciência e Religião, cujo dualismo minou as bases de nossa civilização e nos ameaça com as piores catástrofes.

Esta reconciliação só poderá se operar por uma nova

---

[1] Édouard Schuré, son oeuvre et sa pensée, por Alphonse Roux e Robert Veyssié (Perrin), 1914.

[2] Bosquejo: resumo, síntese, esboço. (N. do E.)

[3] Un Celte d'Alsace, la vie et la pensée d'Édouard Schuré, por Jean Dornis (Perrin), 1923.

contemplação sintética do mundo visível e invisível, por meio da Intuição intelectual e da Vidência psíquica. Só a certeza da Alma imortal pode vir a ser uma base sólida da vida terrestre — e somente a compreensão das grandes Religiões, para um retorno à sua fonte comum de inspiração, pode assegurar a fraternidade entre os povos e o futuro da Humanidade.

À MEMÓRIA DE MARGHERITA ALBANA MIGNATY

Sem ti, oh! grande alma querida!, este livro não teria existido. Tu o trouxeste incubado com tua chama poderosa, alimentaste-o com tua dor, abençoaste-o com uma divina esperança. Tinhas a Inteligência que vê o Belo e o Verdadeiro muito além das realidades efêmeras; tinhas a Fé que move montanhas; tinhas o Amor que desperta e que cria almas; teu entusiasmo queimava como um fogo resplandecente.

Então, tu te apagaste e desapareceste. Com uma asa sombria, a Morte te levou para o grande Desconhecido... Mas se meu olhar não pode mais atingir-te, mesmo assim sei que estás mais viva do que nunca! Liberta das cadeias terrestres, do seio da luz celeste onde te sacias, não deixaste de acompanhar minha obra e eu senti teu reflexo fiel velar sobre sua eclosão predestinada até o fim.

Se algo de mim deve sobreviver entre nossos irmãos, neste mundo onde tudo não faz nada senão passar, eu quereria que fosse este livro, testemunha de uma fé con-

quistada e partilhada. Como uma tocha de Elêusis, ornado de negro cipreste e de narciso estrelado, eu o consagro à alma alada d'Aquela que me conduziu até o fundo dos mistérios, para que ele propague o fogo sagrado e que anuncie a aurora da grande Luz!

INTRODUÇÃO SOBRE A DOUTRINA ESOTÉRICA

Estou persuadido de que chegará um dia em que o fisiologista, o poeta e o filósofo falarão a mesma língua e todos se entenderão.

CLAUDE BERNARD

O maior mal de nosso tempo é que a Ciência e a Religião aparecem como duas forças inimigas e irredutíveis. Mal intelectual tanto mais pernicioso porque vem do alto e se infiltra surda, mas seguramente, em todos os espíritos, como um veneno sutil que se respira no ar. Ora, todo o mal da inteligência se torna, a longo prazo, um mal da alma e, em conseqüência, um mal social.

Enquanto o Cristianismo nada mais fez que afirmar ingenuamente a fé cristã em meio a uma Europa ainda semibárbara, durante a Idade Média, ele foi a maior das forças morais; formou a alma do homem moderno. Enquanto a ciência experimental, abertamente reconstituída no século XVI, não fez senão reivindicar os legítimos direitos da razão e sua liberdade ilimitada, ela foi a maior das forças intelectuais; ela renovou a face do mundo, libertou o homem de cadeias seculares e forneceu ao espírito humano bases indestrutíveis.

Mas, desde que a Igreja, não podendo mais provar seu dogma primário em face das objeções da Ciência, nele se encerrou como em uma casa sem janelas, opondo a fé à razão como um mandamento absoluto e indiscutível; desde que a Ciência, inebriada com suas descobertas no mundo físico, abstraindo o mundo psíquico e intelectual, tornou-se agnóstica[1] em seu método, materialista tanto em seus princípios quanto em seu fim; desde que a Filosofia, desorientada e impotente entre as duas, de certa maneira abdicou de seus direitos para cair em um ceticismo transcendente, uma cisão profunda se fez na alma da sociedade e na dos indivíduos. Este conflito, a princípio necessário e útil, pois que estabeleceu os direitos da Razão e da Ciência, acabou por tornar-se uma causa de fraqueza e de insensibilidade. A Religião responde às necessidades do coração, daí sua eterna magia; a Ciência às necessidades do Espírito, daí sua força invencível. Entretanto, há muito tempo estas potências não sabem mais se entender. A Religião sem prova e a Ciência sem esperança estão em pé, uma em face da outra, e se desafiam sem poder se vencer.

Daí uma contradição profunda, uma guerra oculta, não somente entre o Estado e a Igreja, mas ainda na própria Ciência, no seio de todas as Igrejas e até na consciência de todos os indivíduos pensantes. Pois, sejamos nós quem formos, pertençamos nós a qualquer escola filosófica, estética e social, trazemos em nós estes dois mun-

---

[1] Agnóstica: ignora tudo aquilo que não possa ser explicado objetivamente, com evidências lógicas, e que não seja explicado pelos sentidos. (N. do E.)

dos inimigos, na aparência irreconciliáveis, que nascem de duas necessidades indestrutíveis do homem: a necessidade científica e a necessidade religiosa. Essa situação, que dura há mais de cem anos, não tem certamente contribuído para o desenvolvimento das faculdades humanas, dirigindo umas contra as outras. Ela inspirou em poesia e música notas patéticas e de uma grandiosidade inaudita. Mas, hoje, a tensão prolongada e superaguda produziu efeito contrário. Como o abatimento sucede à febre em um doente, ela se transformou em marasmo, em desgosto, em fraqueza. A Ciência só se ocupa com o mundo físico e material; a Filosofia moral perdeu a direção das inteligências; a Religião governa ainda, em uma certa medida, as massas, mas não reina mais sobre as elites sociais; sempre grande pela caridade, ela não brilha mais pela fé. Os guias intelectuais de nosso tempo são incrédulos, ou céticos, perfeitamente sinceros e leais. Mas eles duvidam de sua arte e se olham sorrindo como os áugures[2] romanos. Em público, em particular, eles predizem catástrofes sociais sem indicar o remédio, ou envolvem de eufemismos prudentes seus sombrios oráculos. Sob tais presságios, a literatura e a arte perderam o sentido do divino. Desacostumada aos horizontes eternos, uma grande parte da juventude caiu no que seus novos mestres chamam de naturalismo, degradando assim o belo nome de Natureza. Pois, o que eles apenas cultivam deste vocábulo é só a apologia dos baixos instintos, a lama do vício ou a pintura complacente de nossas vulgaridades sociais, em uma palavra, a negação sistemática da alma e da inteligência. E a pobre Psiquê, tendo

---

[2] Áugures: sacerdotes romanos que faziam presságios, adivinhos. (N. do E.)

perdido suas asas, geme e suspira estranhamente no âmago daqueles mesmos que a insultam e negam.

Graças ao materialismo, ao positivismo e ao ceticismo, este fim de século chegou a uma falsa idéia da Verdade e do Progresso.

Nossos sábios, que praticam o método experimental de Bacon para o estudo do Universo visível, com uma precisão maravilhosa e admiráveis resultados, fazem da Verdade uma idéia inteiramente exterior e material. Eles pensam que dela se aproximam à medida que se acumula cada vez mais um maior número de fatos. Em seu domínio, eles têm razão. O que há de grave nisto é que nossos filósofos e nossos moralistas acabaram por pensar da mesma maneira. Desse modo, é certo que as causas primeiras e os fins últimos ficarão para sempre impenetráveis ao espírito humano. Pois supondes que saibamos exatamente o que se passa, materialmente falando, em todos os planetas do sistema solar, o que, diga-se de passagem, seria uma magnífica base de indução; supondes mesmo que saibamos que espécie de habitantes existe nos satélites de Sírius e nas várias estrelas da Via-Láctea. Por certo seria maravilhoso ter ciência de tudo isto, mas saberíamos mais sobre a totalidade de nosso aglomerado estelar sem falar da nebulosa de Andrômeda e da nebulosa de Magellan[3]? — Isto faz com que nosso tempo conceba o desenvolvimento da humanidade como a mar-

---

[3] Nebulosa de Magellan: as nebulosas são massas estelares que ainda estão no processo de condensação. Elas são denominadas galácticas ou extragalácticas; por exemplo, a nebulosa de Andrômeda é uma galáxia (galáctica). A nebulosa de Magellan também é chamada de nebulosa de Magalhães, em homenagem a Fernão de Magalhães, notório navegador. (N. do E.)

cha eterna em direção a uma verdade indefinida, indefinível e para sempre inacessível.

Eis a concepção da filosofia positiva de Auguste Comte e de Herbert Spencer que prevaleceu em nossos dias.

Ora, a Verdade era uma coisa inteiramente diferente para os sábios e os teosofistas do Oriente e da Grécia. Eles sabiam, sem dúvida, que não se pode abrangê-la e equilibrá-la sem um conhecimento sumário do mundo físico; mas sabiam também que ela reside, antes de tudo, em nós mesmos, nos princípios intelectuais e na vida espiritual da alma. Para eles, a alma era a única, a divina realidade e a chave do Universo. Nela concentrando sua vontade, desenvolvendo suas faculdades latentes, eles atingiam o foco vivo que chamavam de Deus, cuja luz dá a entender os homens e os seres. Para eles, aquilo que chamamos Progresso, ou seja, história do mundo e dos homens, era somente a evolução, no tempo e no espaço, da Causa central e do Fim último. — E vós acreditais, talvez, que estes teosofistas foram puros contemplativos, sonhadores inaptos, faquires[4] reclinados em seus leitos? Errado. Jamais o mundo conheceu maiores homens de ação, no sentido mais fecundo e mais incalculável da palavra. Eles brilham como estrelas de primeira grandeza no céu das almas. Seus nomes são: *Krishna*, *Buda*, *Zoroastro*, *Hermes*, *Moisés*, *Pitágoras*, *Jesus*, e foram poderosos modeladores de espíritos, formidáveis despertadores de almas, salutares organizadores de sociedades. Vivendo só para sua idéia, sempre preparados para morrer e sabendo que a morte pela Verdade é ação eficaz e supre-

---

[4] Faquires: indivíduos, normalmente hindus medicantes, que se deixam mutilar e aguentam jejuns rigorosos sem sinais de fraqueza e sensibilidade. (N. do E.)

ma, eles criaram as ciências e as religiões, em conseqüência as letras e as artes, cujo sumo ainda nos alimenta e nos faz viver. E o que estão produzindo o positivismo e o ceticismo de nossos dias? Uma geração estéril, sem ideal, sem luz e sem fé, que não crê nem na alma, nem em Deus, nem no futuro da humanidade, nem nesta vida nem na outra; sem força de vontade, duvidando de si mesmo e da liberdade humana.

"É por seus frutos que vós os julgareis", disse Jesus. Esta sentença do Mestre dos mestres se aplica tanto às doutrinas quanto aos homens. Sim, este pensamento se impõe: ou a verdade é para todo o sempre inacessível ao homem, ou em grande escala a possuíram os maiores sábios e os primeiros iniciados da Terra. Ela se encontra, pois, no fundo de todas as grandes religiões e nos livros sagrados de todos os povos. É preciso, somente, saber encontrá-la aí e separá-la de tudo o mais.

Se observamos a história das religiões com olhos atentos para esta verdade central que somente a iniciação interior pode oferecer, ficamos cada vez mais surpresos e maravilhados. O que se percebe então não se assemelha quase nada ao que ensina a Igreja, a qual limita a revelação ao Cristianismo e só a admite em seu sentido primário. Mas isso se assemelha também muito pouco com o que ensina a Ciência puramente naturalista em nossa Universidade. Esta, entretanto, se coloca de um ponto de vista mais amplo. Situa todas as religiões no mesmo plano e lhes aplica um único método de investigação. Sua erudição é profunda, admirável o seu zelo, mas ela ainda não se elevou *ao ponto de vista do esoterismo comparado,* que mostra a história das religiões e da humanidade sob um aspecto inteiramente novo. A esta altura, eis o que se compreende:

Todas as religiões têm uma história exterior e uma história interior; uma aparente, outra oculta. Por história exterior entendo os dogmas[5] e os mitos[6] ensinados publicamente nos templos e nas escolas, reconhecidos no culto, e as superstições populares. Por história interior entendo a ciência profunda, a doutrina secreta, a ação oculta dos grandes iniciados, profetas ou reformadores que criaram, sustentaram, propagaram estas mesmas religiões. A primeira, a história oficial, aquela que se lê por toda parte e circula às claras; entretanto, ela é obscura, confusa, contraditória. A segunda, que chamo de tradição esotérica ou doutrina dos mistérios, é bastante difícil de discernir, pois ela se passa no fundo dos templos, nas confrarias secretas, e seus dramas mais surpreendentes se desenrolam inteiramente no mais profundo das almas dos grandes profetas, os quais não confiaram suas crises supremas ou seus êxtases divinos a nenhum pergaminho e também a nenhum de seus discípulos. É preciso adivinhá-la. Todavia, uma vez que se consegue vislumbrá-la, ela aparece luminosa, orgânica, sempre em harmonia consigo mesma. Poder-se-ia também designá-la como história da religião eterna e universal. Nela se mostra o íntimo das coisas, o âmago da consciência humana, cuja história oferece simplesmente o avesso complicado. Aí colhemos o ponto gerador da Religião e da Filosofia, que se reúnem a outra extremidade da elipse pela Ciência integral. Este é o ponto correspondente às verdades transcendentais. Nela encontramos a causa, a

---

[5] Dogmas: cada um dos pontos fundamentais de qualquer crença religiosa. (N. do E.)

[6] Mitos: interpretação primitiva do mundo, exposição simbólica de um fato, imagem representativa. (N. do E.)

origem e o fim do prodigioso trabalho dos séculos. Esta história é a única com a qual me ocupo neste livro.

Para a raça ariana, o germe e o núcleo se encontram nos *Vedas*. Sua primeira cristalização histórica aparece na doutrina trinitária de Krishna, que dá ao Bramanismo[7] seu poder, à religião da Índia seu cunho indelével. Buda, que segundo a cronologia dos brâmanes seria posterior a Krishna cerca de dois mil e quatrocentos anos, não fez senão revelar uma outra face da doutrina oculta, a da metamorfose e da série das existências encadeadas pela lei do Carma. Ainda que o Budismo[8] tenha sido uma revolução democrática, social e moral contra o Bramanismo aristocrático e sacerdotal, seu fundo metafísico é o mesmo, embora menos completo.

A antigüidade da doutrina sagrada não é menos impressionante no Egito, cujas tradições remontam a uma civilização muito anterior à aparição da raça ariana no cenário da história. Há muito pouco tempo ainda, podia-se supor que o Monismo[9] trinitário, exposto nos livros gregos de Hermes Trimegisto, seria uma compilação da escola de Alexandria sob a dupla influência judaico-cristã e neoplatônica. De comum acordo, crentes

---

[7] Bramanismo: religião dos hindus ortodoxos e dos brâmanes, desenvolvida a partir dos *Vedas*. É caracterizada pelo culto ao Deus, que é real, e ao renascimento sucessivo dos indivíduos. (N. do E.)

[8] Budismo: doutrina religiosa, ética e filosófica que consiste na pregação de que os indivíduos, pela conquista do autoconhecimento, poderiam escapar da roda de nascimentos (reencarnações). (N. do E.)

[9] Monismo: sistema que reduz o Universo a um único domínio, o da matéria e da energia. A matéria e o espírito seriam originados de uma mesma matéria. (N. do E.)

ou incrédulos, historiadores e teólogos, até recentemente sempre defenderam essa teoria. Hoje, entretanto, ela sucumbe diante das descobertas da epigrafia egípcia. A autenticidade fundamental dos livros de Hermes, como documentos da antiga sabedoria do Egito, ressalta triunfante dos hieróglifos explicados. As inscrições das colunas de Tebas e de Mênfis não somente confirmam toda a cronologia de Maneton, mas também demonstram que os sacerdotes de Amon-Rá professavam a alta metafísica, que se ensinava de outras maneiras às margens do Ganges[10]. Pode-se dizer aqui, com o profeta hebreu, que "a pedra fala e o muro lança seu grito". Pois, semelhante ao "sol da meia-noite" que reluzia nos mistérios de Ísis e de Osíris, o pensamento de Hermes, a antiga doutrina do verbo solar, se reacendeu nos túmulos dos reis e brilha até nos papiros do *Livro dos Mortos,* guardados pelas múmias de quatro mil anos.

Na Grécia, o pensamento esotérico é, ao mesmo tempo, mais visível e mais oculto do que em qualquer outro lugar; mais visível porque se reflete através de uma mitologia humana e encantadora; porque corre como um sangue ambrosiano nas veias desta civilização e jorra por todos os poros de seus Deuses como um perfume e um orvalho celeste. Por outro lado, o pensamento profundo e científico, que presidiu à concepção de todos esses mitos, muitas vezes é mais difícil de se penetrar por causa de sua própria sedução e dos ornamentos a ele acrescentados pelos poetas. Mas os princípios sublimes da teosofia dórica e da sabedoria délfica estão gravados com

---

[10] Ver os belos trabalhos de François Lenormant e de M. Maspero.

letras de ouro nos fragmentos órficos[11] e na síntese pitagórica[12], não menos do que na vulgarização dialética e um pouco fantasista de Platão. A escola de Alexandria, por fim, forneceu-nos os meios para conhecê-los. Pois foi ela a primeira a publicar em parte e a comentar o sentido dos mistérios, na transição do relaxamento da religião grega e em face do Cristianismo que crescia.

A tradição oculta de Israel, que procede ao mesmo tempo do Egito, da Caldéia e da Pérsia, foi-nos conservada sob formas bizarras e obscuras, mas em toda sua profundidade e extensão pela *Kabala* ou tradição oral, depois pelo *Sohar* e o *Sépher Jézirah,* atribuído a Simon Ben Jochai, inclusive comentários de Maimonides. Misteriosamente oculta no *Gênese* e no simbolismo dos profetas, ela sobressai de maneira assustadora no admirável trabalho de Fabre d'Olivet sobre *a língua hebraica restituída,* que tende a reconstruir a verdadeira cosmogonia[13] de Moisés, conforme o método egípcio, de acordo com o tríplice sentido de cada versículo e quase de cada palavra dos dez primeiros capítulos do *Gênese*.

Quanto ao esoterismo cristão, ele brilha por si mesmo nos Evangelhos iluminados pelas tradições essenianas e gnósticas. Ele jorra como uma fonte viva da palavra de Cristo, de suas parábolas, do mais profundo daquela

---

[11] Órficos: relativo a Orfeu e ao orfismo, culto difundido na Grécia e ligado ao culto de Dionísio. Constituía a crença na imortalidade, que era conquistada por meio de cerimônias e ritos de purificação. (N. do E.)

[12] Pitagórica: referente a Pitágoras, filósofo e matemático grego. (N. do E.)

[13] Cosmogonia: ciência similar à Astronomia, tratando da origem e da evolução do Universo. (N. do E.)

alma incomparável e verdadeiramente divina. Ao mesmo tempo, o Evangelho de São João nos dá as chaves do ensinamento íntimo e superior de Jesus, com o sentido e o alcance de sua promessa. Encontramos aí a doutrina da Trindade e do Verbo divino, já ensinada há milênios nos templos do Egito e da Índia, porém reforçada, personificada pelo príncipe dos iniciados, pelo maior dos filhos de Deus.

A aplicação do método que denominei esoterismo comparado na história das religiões nos conduz, pois, a um resultado de relevante importância, que se resume assim: a antigüidade, a continuidade e a unidade essencial da doutrina esotérica. É preciso reconhecer que isso é um fato notável. Pois dele podemos deduzir que os sábios e os profetas dos mais diversos tempos chegaram a conclusões idênticas quanto ao fundo, ainda que diferentes na forma, sobre as verdades primeiras e últimas — e sempre pelo mesmo processo da iniciação interior e da meditação. Além disso tudo, estes sábios e profetas foram os maiores benfeitores da humanidade, os salvadores cuja força redentora arrancou os homens do abismo da natureza inferior e da negação.

Após essas ponderações, não seria possível dizer, segundo expressão de Leibnitz, que existe uma espécie de filosofia eterna, *perennis quaedam philosophia,* que constitui o liame primordial entre a Ciência e a Religião e sua unidade final?

A teosofia antiga, professada na Índia, no Egito e na Grécia, constituía uma verdadeira enciclopédia, dividida geralmente em quatro categorias:

1. A *Teogonia* ou ciência dos princípios absolutos, idêntica à *ciência dos números* aplicada ao Universo, ou à matemática sagrada;

2. A *Cosmogonia*, realização dos princípios eternos no espaço e no tempo, ou *involução* do espírito na matéria; períodos do mundo;

3. A *Psicologia*, constituição do homem; evolução da alma através da cadeia das existências;

4. A *Física*, ciência dos reinos da natureza terrestre e de suas propriedades.

O método indutivo e o método experimental se combinavam e se controlavam reciprocamente nessas diversas ordens de ciências, e a cada uma delas correspondia uma arte. Tomando-as em ordem inversa, e começando pelas ciências físicas, eram elas:

1. Uma *Medicina especial*, fundada no conhecimento das propriedades ocultas dos minerais, das plantas e dos animais; a *Alquimia* ou transmutação dos metais, desintegração e reintegração da matéria pelo agente universal, arte praticada no antigo Egito, segundo Olimpiodoro, e denominada por ele de *crisopéia* e *argiropéia*, fabricação do ouro e da prata;

2. As *Artes psicúrgicas*, que correspondem às forças da alma: magia e adivinhação;

3. A *Genetlíaca Celeste* ou astrologia, ou a arte de descobrir a relação entre os destinos dos povos ou dos indivíduos e os movimentos do Universo, marcados pelas revoluções dos astros;

4. A *Teurgia*, a arte suprema do mago, tão rara quanto perigosa e difícil, pois é a que coloca a alma em relação consciente com as diversas ordens de espíritos e age sobre eles.

Vê-se então que, ciências e artes, tudo se englobava nesta teosofia e provinha de um mesmo princípio, o qual chamarei, em linguagem moderna, de *o monismo intelectual, espiritualismo evolutivo e transcendente*. Po-

de-se formular os princípios essenciais da doutrina esotérica da seguinte maneira:

— O espírito é a única realidade. A matéria não passa de sua expressão inferior, inconstante, efêmera, seu dinamismo no tempo e no espaço.

— A criação é eterna e contínua como a vida.

— O microcosmo-homem é, por sua constituição ternária (espírito, alma e corpo), a imagem e o espelho do macrocosmo-Universo (mundo divino, humano e natural), que é propriamente o órgão do Deus inefável, do Espírito absoluto, o qual é por sua natureza Pai, Mãe e Filho (essência, substância e vida).

— Eis por que o homem, imagem de Deus, pode tornar-se seu verbo vivo. A gnose[14] ou a mística racional de todos os tempos é a arte de encontrar Deus em si, desenvolvendo as profundezas ocultas, as faculdades latentes da consciência.

— A alma humana, a individualidade é imortal por essência. Seu desenvolvimento se processa em um plano alternadamente descendente e ascendente, por meio das existências espirituais e corporais que se revezam.

— A reencarnação é a lei da evolução. Atingindo sua perfeição, a alma se liberta e volta ao Espírito puro, a Deus, na plenitude de sua consciência. Assim como a alma se eleva acima da lei do combate pela vida quando toma consciência de sua humanidade, também se eleva acima da lei da reencarnação quando toma consciência de sua divindade.

As perspectivas que se abrem no limiar da teosofia são imensas, sobretudo quando comparadas ao estreito

---

[14] Gnose: conhecimento, sabedoria. (N. do E.)

e desolador horizonte onde o materialismo encerra o homem, ou então aos dados infantis e inaceitáveis da teologia clerical. Percebendo-se pela primeira vez, experimenta-se um deslumbramento, um tremor do infinito. Os abismos do Inconsciente desenvolvem-se em nós mesmos, mostram-nos o precipício de onde saímos, as alturas vertiginosas às quais aspiramos. Encantados com esta imensidade, mas também apavorados diante da viagem a ser realizada, nós desejamos não mais existir e fazemos um apelo ao *Nirvana!* Depois, nós nos apercebemos de que esta fraqueza nada mais é do que o cansaço do marinheiro prestes a abandonar o remo no meio da borrasca. Alguém disse: o homem nasceu no fundo de uma onda e nada sabe do imenso oceano que se estende atrás e adiante. Isto é verdade; mas a mística transcendente impele nosso barco sobre a crista de uma onda, e ali, sempre sacudidos pela fúria da tempestade, percebemos seu ritmo grandioso; e nosso olhar, medindo a abóbada celeste, repousa na calma do azul.

Contudo, a surpresa aumenta quando, chegando às ciências modernas, constatamos que desde Bacon e Descartes elas tendem involuntariamente, mas com mais firmeza, a voltar aos dados da antiga teosofia. Sem abandonar a hipótese dos átomos, a física moderna chegou insensivelmente a identificar a idéia de matéria com a idéia de força, o que é um passo em direção ao dinamismo espiritualista. Para explicar a luz, o magnetismo, a eletricidade, os sábios tiveram que admitir uma matéria sutil e absolutamente imponderável, que preenche o espaço e penetra todos os corpos, matéria que eles denominaram éter, o que é um passo rumo à antiga idéia teosófica da *alma do mundo*. Quanto à sensibilidade, a inteligente docilidade desta matéria, ela ressalta de uma recente

experiência que prova a transmissão do som pela luz[15].

De todas as ciências, as que parecem ter mais compromisso com o espiritualismo são a zoologia comparada e a antropologia. Na realidade, elas o terão favorecido, mostrando a lei e o modo da intervenção do mundo inteligível no mundo animal. Darwin pôs fim à idéia infantil da criação segundo a teologia primária. Sob este aspecto, ele não fez senão voltar às idéias da antiga teosofia. Pitágoras já havia dito: "o homem é parente do animal". Darwin mostrou as leis às quais a natureza obedece para executar o plano divino, leis instrumentais que são: a luta pela vida, a hereditariedade e a seleção natural. Provou a variabilidade das espécies, reduziu seu número e estabeleceu sua estiagem. Entretanto, seus discípulos, os teóricos do transformismo absoluto, insatisfeitos com a teoria segundo a qual todas as espécies provêm de um único protótipo, defenderam a tese exclusiva da influência do meio ambiente, forçando os fatos em favor de uma concepção puramente externa e materialista da natureza. Não, não explica as espécies, assim como as leis físicas não explicam as leis químicas; nem a química explica o princípio evolutivo do vegetal, como também este não explica o princípio evolutivo dos animais. Quanto às grandes famílias de animais, elas correspondem aos tipos

---

[15] Experiência de Bell. Deixa-se cair um raio de luz sobre uma placa de selênio, que o remete à distância sobre outra placa do mesmo metal. Esta se comunica com uma pilha galvânica, à qual se adapta um telefone. As palavras pronunciadas atrás da primeira placa se ouvem distintamente no telefone, que está ligado à segunda placa. O raio de luz então serviu de fio telefônico. As ondas sonoras se transformaram em ondas luminosas, estas em ondas galvânicas, as quais voltaram a ser ondas sonoras.

eternos da vida, rubricas do Espírito que marcam a escala da consciência. O aparecimento dos mamíferos depois dos répteis e dos pássaros não tem sua razão de ser em uma mudança do meio terrestre; este é apenas a condição. Ela supõe uma embriogenia nova; por conseguinte, uma nova força intelectual e anímica agindo por dentro e no fundo da natureza, que chamamos além em relação à percepção dos sentidos. Sem esta força intelectual e anímica[16] não se explicaria nem mesmo o aparecimento de uma célula organizada no mundo inorgânico. Enfim, o Homem, que resume e coroa a série dos seres, revela todo o pensamento divino pela harmonia dos órgãos e perfeição da forma, efígie viva da Alma universal, da Inteligência ativa. Condensando todas as leis da evolução e toda a natureza em seu corpo, ele a domina e se eleva acima dela para entrar, pela consciência e pela liberdade, no reino infinito do Espírito.

A psicologia experimental apoiada na fisiologia, que tende desde o começo do século a tornar-se uma ciência, conduziu os sábios contemporâneos até o limiar de um outro mundo, o mundo próprio da alma, onde, sem que cessem as analogias, reinam novas leis. Pretendo falar dos estudos e das constatações medicinais deste século sobre o magnetismo animal, sobre o sonambulismo e sobre todos os estados da alma diferentes da vigília, desde o sono lúcido, através da dupla visão, até o êxtase. A ciência moderna não tem feito ainda senão tatear neste domínio, no qual a ciência dos tempos antigos soube se orientar porque possuía os princípios e as chaves necessários. É bem verdade que ela aí descobriu toda uma

---

[16] Anímica: pertencente à alma, relativa ao psíquico. (N. do E.)

ordem de fatos que lhe pareceram surpreendentes, maravilhosos e inexplicáveis, porque contradizem nitidamente as teorias materialistas, sob o domínio das quais ela se habituou a pensar e a experimentar. Nada é mais instrutivo do que a incredulidade indignada de alguns sábios materialistas diante de todos os fenômenos que tendem a provar a existência de um mundo invisível e espiritual. Hoje, qualquer um que se atreva a provar a existência da alma escandaliza a ortodoxia do ateísmo, tanto quanto se escandalizava outrora a ortodoxia da Igreja com a negação de Deus. Não se arrisca mais a vida, é verdade, mas arrisca-se a reputação. Sem dúvida, o que ressalta do mais simples fenômeno de sugestão mental à distância e pelo pensamento puro, fenômeno mil vezes constatado nos anais do magnetismo, é um modo de ação do espírito e da vontade, independente das leis físicas e do mundo visível. Abre-se, portanto, a porta do Invisível. Nos altos fenômenos do sonambulismo, este mundo se patenteia completamente. Todavia, aqui me limitarei ao que foi constatado pela ciência oficial.

Se passarmos da psicologia experimental e objetiva à psicologia íntima e subjetiva de nosso tempo, que se manifesta na poesia, na música e na literatura, descobriremos que elas estão impregnadas de um imenso alento de esoterismo inconsciente. Jamais a aspiração à vida espiritual, ao mundo invisível, repelida pelas teorias materialistas dos cientistas e pela opinião mundana, foi tão séria e tão real. Esta aspiração se encontra nas lamentações, nas dúvidas, nas melancolias sombrias e até nas blasfêmias de nossos romancistas naturalistas e de nossos poetas decadentes. Jamais a alma humana teve um sentimento mais profundo da insuficiência, da miséria, do irreal de sua vida presente, jamais ela aspirou tão

ardentemente ao além invisível, sem, entretanto, conseguir crer nele. Algumas vezes até sua intuição chega a formular verdades transcendentes que absolutamente não fazem parte do sistema admitido por sua razão, que contradizem suas opiniões superficiais e que são involuntários clarões de sua consciência oculta. Como prova disso citarei a passagem de um raro pensador que experimentou toda a amargura e toda a solidão moral dos tempos presentes. "Cada esfera do ser — diz Frédéric Amiel — tende a uma esfera mais elevada e dela já possui revelações e pressentimentos. O ideal, sob todas as suas formas, é a antecipação, a visão profética dessa existência superior à sua, à qual cada ser sempre aspira. Esta existência superior em dignidade é mais interior por sua natureza, isto é, mais espiritual. Assim como os vulcões nos trazem os segredos do interior do globo, o entusiasmo e o êxtase são explosões passageiras desse mundo interior da alma, e a vida humana não é senão a preparação e o advento para a vida espiritual. Os degraus da iniciação são inumeráveis. Assim, vigia, oh! discípulo da vida, crisálida de um anjo! Trabalha para tua futura eclosão, pois a Odisséia divina é apenas uma série de metamorfoses cada vez mais etéreas, onde cada forma, conseqüência das precedentes, é a condição das subseqüentes. A vida divina é uma série de mortes sucessivas, em que o espírito rejeita suas imperfeições e seus símbolos e cede à atração crescente do centro de gravitação inefável, do sol da inteligência e do amor". Habitualmente, Amiel era apenas um hegeliano[17] muito inteligente, reforçado

---

[17] Hegeliano: partidário do Hegelianismo, doutrina de Georg W. F. Hegel que identifica a realidade com a razão; todo real é racional. (N. do E.)

por um moralismo superior. No dia em que escreveu estas linhas inspiradas, ele foi profundamente teosófico. Pois não se poderia exprimir de maneira mais tocante e mais luminosa a própria essência da verdade esotérica.

Essas observações são suficientes para demonstrar que a ciência e o espírito moderno se preparam, sem o saber e sem o querer, para uma reconstituição da antiga teosofia com instrumentos mais precisos e em uma base mais sólida. Segundo Lamartine, a humanidade é um tecelão que trabalha por trás na trama dos tempos. Chegará um dia em que, passando para o outro lado da tela, ela contemplará o quadro magnífico e grandioso que terá urdido durante séculos com suas próprias mãos, sem ter percebido, antes nada além da confusão dos fios emaranhados no avesso. Neste dia, então, ela saudará a Providência em si mesma. E terão se confirmado as palavras de um texto hermético contemporâneo, que não parecerão muito audazes àqueles que penetraram, profundamente, nas tradições ocultas para imaginar sua maravilhosa unidade: "A doutrina esotérica não é somente uma ciência, uma filosofia, uma moral, uma religião. Ela é *a* ciência, *a* filosofia, *a* moral e *a* religião, das quais todas as outras nada mais são do que preparações ou degenerescências, expressões parciais ou falsas, conforme se encaminham para ela ou dela se afastam"[18].

Longe de mim a pretensão de haver conseguido uma demonstração completa desta ciência das ciências. Para isso seria preciso nada menos que a reordenação das ciências conhecidas e desconhecidas, reconstituídas em

---

[18]*The perfect way of finding Christ,* por Anna Kingsford e Maitland, Londres, 1882.

seu quadro hierárquico e reorganizadas no espírito do esoterismo. Tudo o que espero ter provado é que a doutrina dos mistérios está na origem de nossa civilização; que ela criou as grandes religiões, tanto as arianas quanto as semíticas; que a ela o Cristianismo conduz inteiramente o gênero humano por sua reserva esotérica, e que a ciência moderna também para ela se dirige providencialmente pela totalidade de sua marcha; que, enfim, eles aí devem se encontrar como em um porto de junção e achar sua síntese.

Pode-se dizer que em toda parte onde se encontra algum fragmento da doutrina esotérica, ela existe virtualmente em seu todo. Pois, cada uma de suas partes pressupõe ou engendra as outras. Os grandes sábios, os verdadeiros profetas, todos a possuíram, e os do futuro também a possuirão como os do passado. A luz pode ser mais ou menos intensa, mas é sempre a mesma luz. A forma, os detalhes, as aplicações podem variar ao infinito; o fundo, quer dizer, os princípios e o fim jamais. Não se deixará de encontrar neste livro uma espécie de desenvolvimento gradual, de revelação sucessiva da doutrina em suas diversas partes. E isso através dos grandes iniciados, cada um dos quais representa uma das grandes religiões que contribuíram para a constituição da humanidade atual, e cuja seqüência marca a linha da evolução descrita por ela no presente ciclo, desde o antigo Egito e os primeiros tempos arianos. Vê-la-emos, pois, surgir, não de uma exposição abstrata e escolástica, mas da alma em fusão dos grandes inspirados e da ação viva da história.

Nesta série, Rama apresenta apenas o acesso ao templo. Krishna e Hermes nos dão a chave. Moisés, Orfeu e Pitágoras mostram o seu interior. E Jesus Cristo representa o seu santuário.

Este livro brotou inteiramente de uma sede ardente da verdade superior, total, eterna, sem a qual todas as outras verdades parciais não passam de um engodo. Compreender-me-ão aqueles que, como eu, têm a consciência de que o momento presente da história, apesar de suas riquezas materiais, não é senão um triste deserto, do ponto de vista da alma e de suas imortais aspirações. A hora é das mais graves e as conseqüências extremas do agnosticismo começam a se fazer sentir pela desorganização social. Trata-se, tanto para a França quanto para a Europa, de ser ou não ser. Trata-se, ainda, de assentar sobre suas bases indestrutíveis as verdades centrais, ou, então, tombar definitivamente no abismo do materialismo e na anarquia.

A Ciência e a Religião, as guardiãs da civilização, perderam, uma e outra, seu dom supremo, sua magia, aquela da grande e forte educação. Os templos da Índia e do Egito produziram os maiores sábios da terra. Os templos gregos moldaram heróis e poetas. Os apóstolos de Cristo foram mártires sublimes e geraram milhares de outros. A Igreja da Idade Média, apesar de sua teologia primária, fez santos e cavaleiros, porque tinha fé e porque, com todos os abalos, o espírito de Cristo nela se sobressaía. Hoje, nem a Igreja aprisionada em seu dogma nem a Ciência encerrada na matéria sabem mais construir homens completos. A arte de criar e formar almas está perdida e só será reencontrada quando a Ciência e a Religião, refundidas em uma força viva, a isso se aplicarem juntas e de comum acordo, para o bem e a salvação da humanidade. Para isto, a Ciência não teria de mudar o método, mas teria de estender seu domínio. Nem o Cristianismo teria de abdicar de sua tradição, mas sim de compreender suas origens, seu espírito e seu alcance.

O tempo de regeneração intelectual e de transformação social chegará, estamos certos disso. Vários presságios já o anunciam. Quando a Ciência souber e a Religião puder, o Homem agirá com nova energia. A arte da vida e todas as artes só poderão renascer por meio de sua harmonia.

Mas enquanto esperamos, o que fazer neste fim de século que se assemelha à queda em um precipício, em um crepúsculo ameaçador, enquanto seu início havia preparado a escalada em direção dos livres pináculos, sob uma brilhante aurora? A fé, disse um grande douto, é a coragem do espírito que se arremessa para diante, certo de encontrar a verdade. Esta mesma fé não é inimiga da razão, mas sua chama; é a fé de Cristóvão Colombo e de Galileu que quer a prova e a contraprova, *provando e reprovando*, e é a única possível hoje.

Para aqueles que irrevogavelmente a perderam, e eles são muitos — pois o exemplo veio de cima — a estrada é fácil e está toda traçada: seguir a corrente do dia, submeter-se ao século em vez de lutar contra ele, resignar-se à dúvida ou à negação, se consolar de todas as misérias humanas e dos próximos cataclismos por meio de um sorriso de desdém, e encobrir o profundo nada das coisas — no qual unicamente se acredita — com um véu brilhante que se enfeita com o belo nome de ideal — acreditando que não passa de uma quimera útil.

Quanto a nós, pobres crianças perdidas, que cremos que o Ideal é a única Realidade e a única Verdade no meio de um mundo inconstante e fugitivo; que acreditamos na sanção e no cumprimento de suas promessas, na história da humanidade como na vida futura; que sabemos que esta sanção é necessária, que ela é a recompensa da fraternidade humana, como a razão do

Universo e a lógica de Deus; para nós, repito, que temos esta convicção, não há senão uma única decisão a tomar: afirmemos esta verdade sem temor e tão alto quanto possível; lancemo-nos por ela e com ela na arena do combate, e acima dessa mistura confusa procuremos penetrar, através da meditação e da iniciação individual, no Templo das Idéias imutáveis para ali nos armarmos dos Princípios infrangíveis.

Isto foi o que tentei fazer neste livro, esperando que outros venham depois de mim e o façam melhor do que eu.

Livro v - Orfeu

Os Mistérios de Dionísio

Como elas se agitam no imenso Universo, como rodopiam e se buscam, as almas inumeráveis que brotam da grande alma do Mundo! Elas caem de planeta em planeta e choram no abismo a pátria esquecida... São tuas lágrimas, Dionísio... Oh! grande Espírito. Oh! divino Libertador! Recolhe tuas filhas em teu seio de luz.

Fragmento Órfico

Eurídice! Luz divina! — exclama Orfeu moribundo. Eurídice! Gemem, partindo-se, as sete cordas de sua Lira. E sua cabeça que rola, levada para sempre pelo rio dos tempos, clama ainda: Eurídice! Eurídice!

Lenda de Orfeu

I
A GRÉCIA PRÉ-HISTÓRICA, AS BACANTES E A APARIÇÃO DE ORFEU

Nos santuários de Apolo, que possuía a tradição órfica, celebrava-se uma festa misteriosa no equinócio da primavera. Era quando os narcisos refloriam junto à fonte de Castália, as trípodes e as liras do templo vibravam por si mesmas e o deus invisível voltava, sobre um carro puxado por cisnes, do país dos hiperbóreos. Então, a grande sacerdotisa, vestida de Musa, coroada de louros, com a fronte cingida pelas faixas sagradas, cantava diante dos iniciados o nascimento de Orfeu, filho de Apolo e de uma sacerdotisa do deus. Ela invocava a alma de Orfeu, pai dos iniciados, salvador melodioso dos homens; do Orfeu soberano, imortal e três vezes coroado, nos infernos, na terra e no céu; caminhando, com uma estrela na fronte entre os astros e os deuses.

O canto místico da sacerdotisa de Delfos aludia a um dos numerosos segredos guardados pelos sacerdotes de Apolo e que eram ignorados pela multidão. Orfeu foi o gênio vivificador da Grécia sagrada, o despertador da sua alma divina, cuja lira de sete cordas, cada uma das quais correspondia a uma feição da alma humana e continha a lei de uma ciência e de uma arte, abraçava o Universo. Nós perdemos a chave da sua harmonia plena, mas os seus tons diversos não deixaram ainda de vibrar aos nossos ouvidos. Foi por essa lira maravilhosa que se transmitiu a toda a Europa a impulsão teúrgica e dionísica que Orfeu soube comunicar à Grécia. Se o nosso tempo, conquanto não acredite já na beleza da vida, ainda, com uma secreta e universal esperança, que é como que uma profunda recordação dos tempos idos, a ela aspira, deve-o a esse sublime Inspirado. Saudemos, por isso, nele não só o grande iniciador da Grécia, como também o avô da poesia e da música, concebidas como reveladoras da eterna Verdade.

Porém, antes de reconstituirmos, segundo a tradição dos santuários, a história de Orfeu, esbocemos a situação da Grécia à sua aparição.

Era no tempo de Moisés, cinco séculos antes de Homero, treze séculos antes de Cristo. A Índia mergulhada no seu *Kali-Yuga*, na sua idade de trevas, não oferecia já a sombra do seu antigo esplendor. A Assíria, que, pela tirania de Babilônia, tinha desencadeado pelo mundo o flagelo da anarquia, continuava a esmagar a Ásia. O Egito, muito grande ainda pela ciência dos seus sacerdotes e faraós, resistia com toda a energia a essa decomposição universal, mas a sua ação não passava além do Eufrates e do Mediterrâneo. Israel ia restabelecer no deserto o princípio do Deus másculo e da unidade divina, porém a voz retumbante de Moisés ainda não ecoara pela terra. A Grécia estava profundamente dividida pela religião e pela política.

Há milhares de anos que a península montanhosa, que, cercada por uma grinalda de ilhas, ostentava os seus finos recortes no Mediterrâneo, era povoada por um ramo da raça branca, vizinha dos getas, dos citas e dos celtas primitivos. Essa raça sofreu os cruzamentos e os impulsos de todas as civilizações anteriores. Colônias da Índia, do Egito e da Fenícia tinham enxameado sobre as suas praias, povoado os seus promontórios[1] e os seus vales de raças, de costumes e de divindades múltiplas. Por debaixo das pernas do colosso de Rodes, colocado sobre os dois molhes[2] do seu porto, passavam, com as velas desdobradas, numerosas frotas. O mar das Cíclades, onde em dias claros o navegador sempre vê no horizonte alguma ilha ou alguma praia, era sulcado pelas proas vermelhas dos fenícios — e pelas proas negras dos piratas da Lída que, nas suas naus profundas, transportavam todas as riquezas da Ásia e da África: o marfim, as louças pintadas, os estofos da Síria, a púrpura, as pérolas, os vasos de ouro e, freqüentemente também, mulheres roubadas em algumas costas selvagens.

Em conseqüência desses cruzamentos de raças tinha-se formado um idioma harmonioso e fácil, mistura do celta primitivo, do zenda, do sânscrito e do fenício. Esta língua, que tinha a palavra Poseidôn para pintar a majestade do oceano e a de Uranós para exprimir a serenidade do céu, imitava todas as vozes da natureza desde o gorjeio dos pássaros até o tinir das espadas e o fragor da tempestade. Ela era multicor como o seu mar de um azul intenso mas mudável, multissoante como as vagas que mur-

---

[1] Promontórios: cabos formados de rochas elevadas. (N. do E.)

[2] Molhes: estruturas marítimas que podem servir de quebra-mar; cais acostável. (N. do E.)

muram nos seus golfos ou que estrondeiam sobre os seus inumeráveis recifes — *polyphoĩsbos Thálassa*, como diz Homero.

Com esses mercantes ou esses piratas vinham muitas vezes sacerdotes que, como senhores, os dirigiam e os mandavam, ocultando preciosamente na sua barca a imagem de madeira de uma divindade qualquer. Por certo que as imagens eram grosseiramente esculpidas e que os marinheiros de então não tinham por elas o culto apaixonado que muitos dos seus colegas de hoje votam às suas madonas. Mas também era um fato esses sacerdotes conhecerem certas ciências, e a divindade, que do seu templo traziam para um país estrangeiro, representar para eles uma concepção da natureza, um conjunto de leis, uma organização civil e religiosa, visto como nesses templos toda a vida intelectual derivava dos santuários.

Enquanto em Argos se adora Juno, a Arcádia prestava culto a Artemisa[3], e em Pafos e em Corinto a Astartéia fenícia transformara-se na Afrodite, nascida da espuma das vagas. Na Ática tinham aparecido vários iniciadores, e uma colônia egípcia trouxera para Elêusis o culto de Ísis sob a forma de Deméter (Ceres), mãe dos deuses. Erecteu estabelecera entre o monte Himeto e o Pantélico o culto de uma deusa virgem, filha do céu azul, amiga da oliveira e da sabedoria, e, durante as invasões, ao primeiro sinal de alarme, a população corria a refugiar-se na Acrópole e apertava-se em volta da deusa como em volta de uma vitória viva.

Acima das divindades locais, reinavam, é certo, alguns

---

[3] A Ártemis, que o gênio grego helenizou, transformando a deusa sanguinária e sensual da Táurida, da Ásia Menor e de Greta, na protetora da inocência, passa a chamar-se, no Olimpo latino, Diana. (N. do T.)

deuses masculinos e cosmogônicos; porém, relegados para as altas montanhas, eclipsadas pelo cortejo brilhante das divindades femininas, tinham pequena influência. O deus solar, o Apolo délfico[4], já existia, mas não representava ainda senão um papel apagado. Junto dos cimos nevados do Ida, nas alturas da Arcádia e sob os carvalhos de Dodona, já havia sacerdotes de Zeus, o Muito-Alto, mas o povo preferia a esse deus misterioso e universal as deusas que representavam a natureza nos seus poderes ou sedutores ou terríveis. Os rios subterrâneos da Arcádia, as cavernas das montanhas que descem até as entranhas da terra, as erupções vulcânicas nas ilhas do mar Egeu, impressionando fortemente os gregos, tinham-nos disposto para aceitarem bem cedo o culto das forças misteriosas da terra.

Assim, quer nas suas alturas, quer nas suas profundezas eram pressentidas, temidas e veneradas. Todavia, como todas essas divindades não tinham nem centro social nem síntese religiosa faziam entre si uma guerra obstinada.

Os templos inimigos, as cidades rivais, os povos divididos pelos ritos, pela ambição dos sacerdotes e dos reis,

---

[4] Segundo a antiga tradição dos trácios, a poesia tinha sido inventada por Olem.
Ora, este nome quer dizer em fenício o Ser universal. Apolo tem igual raiz. Ap Olem ou Ap Wholon significam Pai universal. Primitivamente o Ser Universal era adorado em Delfos com o nome de Olem. O culto de Apolo foi introduzido por um sacerdote inovador, impulsionado pela doutrina do verbo solar que percorria então os santuários da Índia e do Egito. Esse reformador identificou o Pai universal com a sua dupla manifestação: a luz hiperfísica e o sol visível. Mas essa reforma não saiu nunca das profundezas do santuário. Foi Orfeu que deu um poder novo ao verbo solar de Apolo, reanimando-o e eletrizando-o pelos mistérios de Dionísio. (Ver Fabre d'Olivet, *Les vers dorés de Pythagore*.)

odiavam-se, invejavam-se, combatiam-se em lutas sangrentas.

Mas por detrás da Grécia havia a Trácia, rude e selvagem. Para o Norte fieiras de montanhas, cobertas de carvalhos gigantescos e coroadas de rochedos, sucediam-se em ondulosos cimos, desenrolavam-se em círculos enormes ou enredavam-se em maciços nodosos.

Os ventos do setentrião aravam os seus flancos e as nuvens de um céu quase sempre tempestuoso varriam os seus cimos. Pastores dos vales e guerreiros das planícies pertenciam a essa forte raça branca, que constituía a grande reserva dos dóricos da Grécia, raça masculina por excelência, cuja beleza consistia na acentuação dos traços e na decisão do caráter e cuja fealdade era marcada por aquele horrendo e aquele grandioso que encontramos na máscara das Medusas[5] e das antigas Górgonas[6].

Como todos os povos antigos que receberam a sua organização dos Mistérios, como o Egito, Israel e a Etrúria, a Grécia também teve a sua geografia sagrada, onde cada província era o símbolo de uma região puramente intelectual e supraterrestre do espírito. Por que motivo foi a Trácia[7] considerada sempre pelos gregos como o país

---

[5] Medusas: górgonas com cabelos transformados em serpentes. (N. do E.)

[6] Górgonas: três personagens mitológicas, Estena, Euríde e Medusa; mulheres que tinham serpentes como cabelos e que transformavam em pedra quem as encarava. (N. do E.)

[7] Trakia, segundo Fabre d'Olivet, deriva do fenício *Rakhiwa:* o espaço estéreo ou o firmamento. O que é fora de dúvida é que, para os poetas e os iniciados da Grécia como Píndaro, Ésquilo ou Platão, o nome de Trácia tinha um sentido simbólico e significava o país da doutrina pura e da poesia sagrada, que dela procede. Essa palavra tinha, pois, para eles uma significação filosófica e histórica. Filosoficamente, designava uma região

santo por excelência, o país da luz e a verdadeira pátria das Musas? Porque nessas altas montanhas existiam os mais velhos santuários de Cronos, de Zeus e de Uranos, donde tinham descido em ritmos eumólpicos a Poesia, as Leis e as Artes sagradas, como o provam os poetas fabulosos da Trácia. Os nomes de Tâmiris, de Lino e de Anfião correspondem, talvez, a personagens reais, mas personificam principalmente, segundo a linguagem dos templos, outros tantos gêneros de poesia. Cada um deles é a consagração da vitória de uma teologia sobre outra.

Nesses tempos, em que o indivíduo era nada e a doutrina e a obra tudo, a história só se escrevia alegoricamente. Tâmiris, que cantou a guerra dos Titãs e que as Musas encegueceram, anuncia a derrota da poesia cosmogônica por metros novos.

Lino, que introduziu na Grécia os cantos melancólicos da Ásia e foi morto por Hércules, significa a invasão da Trácia por uma poesia emocional, elegíaca e voluptuosa, que o espírito viril dos dóricos do norte primeiro repeliu, e, ao mesmo tempo, exprime a vitória de um culto lunar sobre um culto solar. Pelo contrário, Anfião, que, segundo a legenda alegórica, fazia com os seus cantos

---

intelectual: o conjunto das doutrinas e das tradições que fazem proceder o mundo de uma inteligência divina. Historicamente, esse nome recordava o país e a raça onde a doutrina e a poesia dórica, esse rebento vigoroso do antigo espírito ariano, tinha primeiro brotado, para em seguida reflorir na Grécia pelo santuário de Apolo. O uso desse gênero de simbolismo prova-se pela história posterior. Em Delfos havia uma classe de sacerdotes trácios, que eram os guardas da alta doutrina. O tribunal dos Anfictiões era antigamente defendido por uma guarda trácia, isto é, por uma guarda de iniciados. A tirania de Esparta suprimiu essa falange incorruptível, substituindo-a por mercenários de força brutal.

Mais tarde o verbo traciar foi aplicado ironicamente aos devotos das antigas doutrinas.

mover as pedras e construía templos ao som da sua lira, representa a força plástica que a doutrina solar e a poesia dórica ortodoxa exerceram sobre as artes e sobre toda a civilização helênica[8].

Bem diferente é a luz que Orfeu irradia! Ele brilha através das idades como cunho pessoal de um gênio criador, cuja alma vibra amorosamente nas suas másculas profundezas pelo Eterno-Feminino, esse Eterno-Feminino que vive e palpita, sob uma forma tríplice: na Natureza, na Humanidade e no Céu. A adoração dos santuários, a tradição dos iniciados, o grito dos poetas, a voz dos filósofos — e, mais do que tudo isto, a sua obra, a Grécia orgânica — testemunham eficazmente a sua realidade viva!

Nesses tempos, a Trácia vivia em uma luta encarniçada e constante. Os cultos solares e os cultos lunares disputavam a supremacia, e essa guerra entre os adoradores do Sol e da Lua não era, como se poderia crer, uma disputa fútil entre duas superstições, visto que eles representavam duas teologias, duas cosmogonias, duas religiões e duas organizações sociais absolutamente opostas. Os

---

[8] Estrabão afirma positivamente não ser a poesia antiga senão a língua da alegoria. Dinis de Halicarnasso confirma-o e confessa que um véu cobria os mistérios da natureza e as mais sublimes concepções morais. Não é, pois, por uma simples metáfora que a poesia se chama a língua dos deuses. Esse sentido secreto e mágico, que constitui a sua força e o seu encanto, contém-se no seu próprio nome. A maior parte dos filósofos deriva a palavra poesia do verbo grego *poiein*, fazer, criar. Etimologia simples e aparentemente muito natural, ela é, no entanto, pouco conforme com a língua sagrada dos templos, donde saiu a poesia primitiva. É mais lógico admitir, como o quer Fabre d'Olivet, que *poiésis* venha do fenício *phobe* (boca, voz, linguagem, discurso) e de *ish* (ser superior, ser princípio, ou figuradamente Deus). O estrusco *Aes* ou *Aesar*, o gálico *Aes*, o escandinavo *Aes*, o copta *Os* (Senhor), o egípcio *Osíris* têm a mesma raiz.

cultos uranianos e solares tinham os seus templos sobre as alturas, nas montanhas, sacerdotes masculinos e leis severas. Os cultos lunares reinavam nas florestas, em vales profundos; e tinham por sacerdotisas mulheres, ritos voluptuosos, o exercício desregrado das artes ocultas e o gosto da excitação orgiástica. Entre os sacerdotes do Sol e as sacerdotisas da Lua havia uma guerra de morte, a luta dos sexos, luta antiga, inevitável, aberta ou oculta, mas eterna entre o princípio masculino e o princípio feminino, entre o homem e a mulher, que enche a história com as suas alternativas e na qual se representa o segredo dos mundos. Assim como a fusão perfeita do masculino e do feminino constitui a própria essência e o mistério da divindade, assim também só o equilíbrio desses dois princípios poderá produzir as grandes civilizações.

Porém, por toda parte, tanto na Trácia quanto na Grécia, os deuses masculinos, cosmogônicos e solares tinham sido relegados para as altas montanhas, para os sítios desertos. O povo preferia-lhe o cortejo inquietador das divindades femininas, que evocavam as paixões perigosas e as forças cegas da natureza. Esses cultos davam à divindade o sexo feminino.

Daí começaram a resultar terríveis abusos. Entre os trácios, as sacerdotisas da Lua, da tríplice Hécate, tinham garantido a sua supremacia, apropriando-se do velho culto de Baco, imprimindo-lhe um caráter sangrento e temível e tomando, em sinal da sua vitória, o nome de bacantes, como para marcar o reinado soberano da mulher, o seu domínio sobre o homem.

A um tempo mágicas, sedutoras e sacrificadoras sangrentas de vítimas humanas, elas tinham os seus santuários em vales afastados e selvagens. Por que sombrio encanto, por que curiosidade ardente, mulheres e homens eram atraídos a essas solidões de uma vegetação luxuriante e grandiosa?

Formas nuas, danças lascivas no fundo de um bosque, depois risos, um grande grito — e cem bacantes se lançavam sobre o estrangeiro para derrubar. Este devia jurar submeter-se aos seus ritos ou morrer. Elas domesticavam panteras e leões, que faziam figurar nas suas festas. De noite, com serpentes enroladas nos braços, prostravam-se diante da tríplice Hécate; depois, em rondas frenéticas, cercavam Baco subterrâneo, de sexo duplo e de cabeça de touro[9]. Mas, desgraçado do sacerdote de Júpiter e de Apolo que as viesse espiar. Era logo feito em postas.

As bacantes primitivas foram, pois, as druidisas da Grécia. Muitos chefes trácios permaneceram fiéis aos cultos masculinos. Mas as bacantes tinham-se sabido insinuar de tal modo no ânimo de alguns dos seus reis que aos luxos e aos refinamentos da Ásia uniam os costumes mais selvagens, que haviam acabado por seduzi-los com a sua volúpia e dominá-los pelo terror. Assim, os deuses tinham dividido a Trácia em dois campos inimigos. Porém, enquanto os sacerdotes de Júpiter e de Apolo, sobre os cumes das suas montanhas desertas, visitadas pelo raio, viam-se impotentes para lutar contra Hécate, esta triunfava nos vales ardentes e, cá de baixo,

---

[9] O Baco com cara de touro encontra-se no hino órfico XXIX. É uma recordação do antigo culto, que de modo algum pertence à pura tradição de Orfeu, visto que este depurou e transfigurou inteiramente o Baco popular no Dionísio celeste, símbolo do espírito divino que evolui através de todos os reinos da natureza. Coisa curiosa: nós vamos encontrar o Baco infernal das bacantes no Satã com cara de touro dos noturnos sabás das feiticeiras da Idade Média. É o famoso *Baphomet*, do qual a Igreja acusou os templários de serem sequazes com o fim de os desacreditar.

começava a ameaçar os altares dos filhos da luz.

Por esse tempo aparecera na Trácia um jovem de raça real e de uma sedução maravilhosa. Diziam-no filho de uma sacerdotisa de Apolo. Em uma voz melodiosa, que tinha um estranho encanto, ele falava dos deuses em um ritmo novo. Parecia inspirado. A sua cabeleira loira, que era o orgulho dos dóricos, caía-lhe em ondas doiradas sobre os ombros; a música que corria dos seus lábios prestava um triste e suave contorno aos cantos da sua boca; os seus olhos, de um azul profundo, resplandeciam cheios de força, de magia e de doçura. Invejosos, os trácios selvagens evitavam contemplá-lo; mas as mulheres, consumadas na arte dos encantos, diziam que esses olhos misturavam no seu filtro azul as flechas do sol às carícias da lua. As próprias bacantes, curiosas da sua beleza, rodavam freqüentemente à sua volta como panteras amorosas, vaidosas pelas suas peles mosqueadas, sorrindo às palavras incompreensíveis do moço.

De repente esse rapaz esbelto, a quem chamavam o filho de Apolo, desapareceu. Uns diziam que morrera, outros que tinha descido aos infernos. A verdade é que ele fugira secretamente para a Samotrácia e daí seguira para o Egito, onde fora pedir asilo aos sacerdotes de Mênfis. Depois, ao cabo de vinte anos, tendo atravessado os seus Mistérios, regressou com um nome de iniciação, que conquistara pelas provas do seu noviciado e que recebera dos seus mestres como um sinal da sua missão. Chamava-se agora Orfeu ou Arfa[10], o que significa Aquele que cura pela luz.

No alto monte Caucaion eleva-se o mais antigo dos santuários de Júpiter. Outrora os seus hierofantes tinham

---

[10] Palavra fenícia composta de *aour* (luz) e *rophae* (cura).

sido grandes pontífices e, do cimo dessa montanha, ao abrigo das surpresas e dos ataques, haviam reinado sobre toda a Trácia. Porém, desde que dominavam as divindades de baixo, os seus aderentes eram em número muito reduzido e o templo estava quase abandonado. Por isso, Orfeu foi acolhido pelos seus sacerdotes como um salvador, e o iniciado do Egito soube, pela sua ciência e pelo seu entusiasmo, arrastar a maior parte dos trácios, transformando completamente o culto de Baco e dominando as bacantes.

Bem depressa a sua influência foi tamanha que penetrou em todos os santuários da Grécia. Foi ele quem consagrou a realeza de Zeus na Trácia e de Apolo em Delfos, onde também lançou as bases do tribunal dos Anfictiões, de que provém a unidade social da Grécia. Finalmente, pela criação dos Mistérios, formou a alma religiosa da sua pátria fundindo, no acume de iniciação, a religião de Zeus com a de Dionísio em um pensamento universal. Os iniciados recebiam pelo seu ensino a pura luz das verdades sublimes e esta luz chegava ao povo mais tamisada[11] mas não menos benéfica, sob o véu da poesia e das festas encantadoras.

Foi por esta forma que Orfeu se tornou o pontífice da Trácia, grande sacerdote de Zeus Olímpico e, para os iniciados, o revelador do Dionísio celeste.

---

[11] Tamisada: depurada, refinada. (N. do E.)

II
O TEMPLO DE JÚPITER

O monte Caucaion, que se segue junto às nascentes do Ebro, cingido por espessas florestas de carvalhos e coroado por uma tiara de rochedos e de pedras ciclópicas, era considerado há milhares de anos como uma montanha sagrada. Os pelasgos, os celtas, os citas e os getas, que se guerreavam uns aos outros, ali vieram, cada um por sua vez, adorar deuses diferentes. Mas não será sempre o mesmo Deus que o homem busca, quando sobe tão alto? E, se assim não é, por que razão então edificar-lhe com tanto trabalho uma habitação em uma região em que só vivem os ventos e o raio?

Agora, ao centro do recinto sagrado, ergueu-se maciço, inabordável como uma fortaleza, o templo de Júpiter, cujo peristilo de quatro colunas dóricas destaca os seus fustes enormes sobre um pórtico sombrio.

Ao zênite o céu está sereno, mas o trovão ribomba ainda sobre as montanhas da Trácia, que, como um negro oceano convulsionado pela tempestade e zebrado de luz, desdobram ao longe os seus vales e os seus píncaros.

É a hora do sacrifício, mas os sacerdotes do Caucaion só praticam o do fogo. Por isso, descendo as escadas do templo, eles vêm acender com um facho do santuário a oferenda de madeira aromática. Depois, o pontífice aparece trazendo os símbolos de uma realeza misteriosa. Vestido como os outros de linho branco, poisa-lhe na cabeça uma coroa de mirto e cipreste; na mão empunha um cetro de ébano com cabeça de marfim e cinge-lhe os rins um cinto de ouro e de cristais, que lançam clarões ardentes. É Orfeu.

Ele conduz pela mão um discípulo, filho de Delfos, que pálido, trêmulo e maravilhado, aguarda, com o arrepio dos mistérios, as palavras do grande Inspirado. Orfeu compreende a comoção do misto eleito da sua alma e, para o tranqüilizar, cinge-o a si com o seu braço. Os seus olhos que sorriam flamejam agora. E, enquanto que a seus pés os sacerdotes giram em volta do altar cantando o hino do fogo, Orfeu solenemente diz ao misto bem amado as palavras de iniciação, que caem no fundo da sua alma como um licor divino.

Eis, aqui as palavras aladas de Orfeu ao jovem discípulo:

"Dobra-te sobre ti mesmo para te elevares ao Princípio das coisas, à grande Tríade, que flameja no Éter imaculado. Consome o teu corpo com o fogo do teu pensamento; desliga-te da matéria como a chama da madeira que devora. Então, o teu espírito se elevará ao éter puro das Causas eternas, como a águia ao trono de Júpiter.

Eu vou revelar-te o segredo dos mundos, a alma da natureza, a essência de Deus. Ouve primeiro o grande arcano. Um ser único reina no céu profundo e no abismo da terra, Zeus tonante, Zeus etéreo. Ele é o conselho profundo, o castigo poderoso e o amor dulcíssimo. Reina nas profundezas da terra e nas alturas dos céus estrelados: sopro das coisas, fogo indomado, macho e fêmea, um Rei, um Poder, um Deus, um grande Senhor.

Júpiter é o esposo e a esposa divina, Homem e Mulher, Pai e Mãe. Do seu casamento sagrado, das suas bodas eternas sai incessantemente o Fogo e a Água, a Terra e o Éter, a Noite e o Dia, os Titãs altivos, os deuses imutáveis e a semente ondeante dos homens.

Os amores do Céu e da Terra não são conhecidos dos profanos. Os mistérios do Esposo e da Esposa só aos homens divinos são revelados. Porém, eu quero declarar o que é verdadeiro. Ainda agora o trovão abalava esses rochedos; o raio caía sobre eles como um fogo vivo, uma chama ondulante; e os ecos da montanha berravam de alegria. Porém tu, tu tremias não sabendo de onde vem esse fogo nem onde ele cai. É o fogo masculino, semente de Zeus, o fogo criador. Ele sai do coração e do cérebro de Júpiter; ele move-se em todos os seres. Quando tomba o raio, ele brota da sua mão direita. Mas nós, os seus sacerdotes, nós conhecemos a sua essência, nós evitamos e, a revezes, dirigimos as suas frechas.

E, agora, contempla o firmamento. Vê esse círculo brilhante de constelações sobre as quais pousa a mantilha leve da Via-Láctea, poeira de sóis e de mundos. Vê flamejar Órion, cintilar os Gêmeos e resplandecer a Lira. É o corpo da Esposa divina que, aos cantos do Esposo, volteia em um transporte luminoso. Olha com os olhos do espírito e tu verás a sua cabeça derrubada, os seus braços estendidos e poderás levantar o seu véu semeado de estrelas.

Júpiter é o Esposo e a Esposa divina. Eis o primeiro mistério.

Mas, agora, filho de Delfos, prepara-te para a segunda iniciação. Estremece, chora, goza, adora! Porque o teu espírito vai mergulhar na zona ardente onde o grande Demiurgo faz a mistura da alma e do corpo na taça da vida. Tocando nessa taça embriagadora, todos os seres esquecem a morada divina e descem ao abismo doloroso das gerações.

Zeus é o grande Demiurgo. Dionísio é o seu filho, o seu Verbo revelado. Dionísio, espírito radioso, inteligência viva, resplandecia na casa de seu pai, no palácio do Éter imutável. Um dia em que, debruçado, contemplava os abismos do céu através das constelações, viu refletido no azul profundo a sua própria imagem, que lhe estendia os braços. Apaixonado por esse belo fantasma, amoroso do seu duplo, precipitou-se para o alcançar. Mas a imagem fugia, fugia sempre e atraía-o para o fundo do vórtice. Finalmente, encontrou-se em um vale assombreado e perfumado, gozando com as brisas voluptuosas que lhe acariciavam o corpo. Em uma gruta descobre Perséfone[1]. Maia, a bela tecedeira, tecia um véu, onde se viam ondular as figuras de todos os seres. Diante da virgem divina ele ficou mudo de espanto. Nesse instante, os Titãs altivos, as livres Titânidas, viram-no.

Os primeiros, ciumentos da sua beleza, as últimas, tomadas de um amar louco, lançaram-se sobre ele como os elementos furiosos e fizeram-no em postas. Depois, distribuindo entre si os seus membros, fizeram-nos ferver em água e enterraram o seu coração. Júpiter fulminou os Titãs e Minerva levou para o Éter o coração de Dionísio que ali se tornou um sol ardente. Porém, da exala-

---

[1] Mais tarde, nacionalizada já no panteão clássico de Roma, Perséfone torna-se Prosérpina.

ção do corpo de Dionísio saíram as almas dos homens que sobem para o céu. Quando as pálidas sombras atingirem o coração flamejante do deus, elas iluminar-se-ão como chamas e Dionísio inteiro ressuscitará mais vivo do que nunca, nas alturas do Empíreo.

Eis o mistério da morte de Dionísio. Agora ouve da sua ressurreição. Os homens são a carne e o sangue de Dionísio: os homens desgraços são os seus membros esparsos, que se buscam, torcendo-se no ciúme e no ódio, na dor e no amor, através de milhares de existências. O calor ígneo da terra, o abismo das forças inferiores, atrai-os sempre, cada vez mais, para o báratro, perdendo-os.

Porém, nós, os iniciados, nós que sabemos o que existe no alto e o que existe embaixo, nós somos os salvadores das almas, os Hermes dos homens.

Como ímãs atraímo-los a nós, atraídos nós próprios por Deus. Assim, por celestes encantamentos, reconstituímos o corpo vivo da divindade. Nós fazemos chorar o céu e alegrar-se a terra; e, como jóias preciosas, trazemos no coração as lágrimas de todos os seres para as transformar em sorrisos. Deus morre em nós; em nós renasce."

Assim falou Orfeu. O discípulo de Delfos ajoelhava-se diante do seu mestre, com os braços erguidos, em um gesto de súplica. E o pontífice de Júpiter, estendendo a mão sobre a sua cabeça, pronunciou estas palavras de consagração:

"Que Zeus inefável e Dionísio três vezes revelador, nos infernos, na terra e no céu, sejam propícios à tua mocidade e que ele verta no teu coração a ciência dos deuses".

Então o iniciado, abandonando o peristilo do templo, ia deitar o estoraque e invocar por três vezes o Zeus Tonante, enquanto os sacerdotes giravam em torno dele, cantando um hino. O pontífice rei, esse conservava-se pensativo sob o pórtico com o braço apoiado sobre uma estela.

O discípulo, dirigindo-se-lhe, dizia:

— Melodioso Orfeu, filho amado dos Imortais e doce médico das almas, desde o dia em que na festa de Apolo délfico te ouvi cantar os hinos dos deuses, maravilhaste o meu coração e eu segui-te para toda parte. Os teus cantos são como um vinho que embriaga, as tuas doutrinas como um remédio amargo que alivia o corpo abatido e espalha nos seus membros uma força nova.

— É áspero o caminho que conduz daqui de baixo aos deuses — diz Orfeu que antes parecia responder a vozes interiores do que ao seu discípulo. Uma vereda florida, uma ladeira escarpada e, depois, rochedos visitados pelo raio com o espaço imenso à volta — eis o destino do Vidente e do Profeta sobre a terra. Meu filho, fica na vereda florida da planície e não procures saber o que há para além.

— A minha sede aumenta à medida que tu a desalteras — responde o moço iniciado. Fizeste-me conhecer a essência dos deuses. Mas, dize-me agora, ó grande mestre dos mistérios, inspirado do divino Eros, poderei eu vê-los algum dia?

— Com os olhos do espírito, sim — diz o pontífice de Júpiter — mas não com os do corpo. Ora, tu ainda não sabes ver senão com estes. É necessário um longo trabalho ou grandes dores para abrir os olhos de dentro.

— Só tu no-los sabes abrir, Orfeu! Contigo, que poderei recear?

— É então bem verdade que assim o queres? Escuta, pois. Na Tessália, no vale encantado do Tempe, eleva-se um templo místico, que está cerrado aos profanos. É lá que Dionísio se manifesta aos mistas e aos videntes. Convido-te para ali assistires à festa do ano próximo.

Então, mergulhando-te em um sono mágico, abrir-te-ei os olhos para que vejas o mundo divino. Que, até lá, a tua vida seja casta, e branca a tua alma. Porque é preciso que saibas que a luz de Deus apavora os fracos e mata os profanadores.

— Mas, vem a minha casa. Dar-te-ei o livro necessário para a tua preparação.

O mestre, acompanhado do discípulo, recolheu-se ao templo, conduzindo o iniciado délfico à grande cela que lhe estava reservada. Uma lâmpada egípcia, que estava sempre acesa e tinha um gênio alado de metal forjado, iluminava cofres de cheiroso cedro onde estavam dispostos numerosos rolos de papiro cobertos de hieróglifos egípcios e de caracteres fenícios, assim como vários livros escritos em língua grega por Orfeu e que encerravam a sua ciência mágica e a sua doutrina secreta[2].

Mestre e discípulo entretiveram-se na cela durante uma parte da noite.

---

[2] Entre os numerosos livros perdidos que os escritores órficos da Grécia atribuíam a Orfeu, havia as *Argonáuticas*, que tratavam da grande obra hermética; uma *Demetreida*, um poema sobre a mãe dos deuses, ao qual correspondia uma Cosmogonia; *Os cantos sagrados* de Baco ou o Espírito puro, que tinham por complemento uma Tegonia, isto sem falar de outras obras como o *Véu ou o laço das almas*, a arte dos mistérios e dos ritos; o *Livro das Transformações*, química e alquímica; *As Coribantes*, ou os mistérios terrestres e os tremores de terra; *O Anemoscópio*, ciência da atmosfera; uma botânica natural e mágica, etc...

III
Festa dionísica no Vale do Tempe[1]

Era na Tessália, no fresco vale do Tempe, pela noite santa, consagrada por Orfeu aos mistérios de Dionísio.

Conduzido por um servo do templo, o discípulo de Delfos caminhava por uma garganta estreita e profunda bordada por rochedos a pique, ouvindo apenas no negror da noite o murmúrio do rio, que corria entre as suas ribas de verdura.

Por fim a lua cheia mostrou-se por detrás de uma montanha: o seu disco amarelo surdiu da cabeleira negra

---

[1] Pausânias conta que, todos os anos, uma teoria (procissão) se dirige de Delfos ao vale do Tempe para ali colher o loureiro sagrado. Este costume significativo servia para recordar aos discípulos de Apolo que se encontravam ligados à iniciação órfica e que a inspiração inicial de Orfeu era o tronco antigo e vigoroso do qual o templo de Delfos colhia os ramos sempre frescos e vivos.

Esta fusão entre a tradição apolínea e a tradição órfica marca-se ainda por outra forma na história dos templos. Com efeito, a célebre disputa entre Apolo e Baco por causa da trípode do templo não tem outro sentido. Baco, diz a lenda, cedeu a trípode a seu irmão e retirou-se para o Parnaso. Isto quer dizer que Dionísio e a iniciação órfica eram privilégio dos iniciados, ao passo que Apolo oferecia os seus oráculos ao público.

dos rochedos; a sua luz sutil e magnética deslizou nas profundezas; e, de súbito, o vale encantador apareceu em uma claridade elísia. Maravilha suprema. Em um instante toda a paisagem eterizada se revelou com os seus fundos de fresca relva, os seus bosquezinhos de freixos e choupos, as suas fontes cristalinas, as suas grutas cobertas de heras pendentes, o seu rio sinuoso abraçando ilhas de árvores ou rolando por sob berços de verdura. Um vapor loiro, um sono voluptuoso, envolvia as plantas. Sorrisos de ninfas pareciam fazer palpitar o espelho das fontes, enquanto dos canaviais imóveis se escapavam sons vagos de flautas. E, sobre todas as coisas, pairava o silencioso encantamento de Diana.

O discípulo de Delfos caminhava como em um sonho. Por vezes parava para respirar um delicioso perfume de madressilva ou de loureiro amargo. Mas a claridade mágica do luar só durou um instante. Uma nuvem negra ocultou a lua e, de novo, tudo se tornou escuro. Os rochedos retomaram as suas formas ameaçadoras, e luzes errantes começaram a brilhar de todos os lados sob a espessura dos arvoredos, nas margens do rio e nas profundezas do vale.

— São os mistas — informa o velho guia do templo — que se põem a caminho. Cada cortejo tem o seu guia, que é o portador do facho. Vamos segui-los.

Meteram-se a caminho e encontraram coros que saíam dos arvoredos.

Primeiro, viram passar os mistas do moço Baco, adolescentes vestidos com longas túnicas de fino linho, coroados de hera e que levavam taças de madeira cinzelada, símbolos da taça da vida. A estes seguiam-se moços altivos e vigorosos, vestindo túnicas curtas, as pernas nuas, uma pele de leão cobrindo-lhes as espáduas e os rins e com coroas de oliveira na cabeça. Eram os mistas de Hércules lutador. Por último, vinham os inspirados, os mistas de Baco lacerado, com peles zebradas de panteras cingindo-lhes o corpo, faixas de púrpura nos cabelos e empunhando tirsos.

Quando passavam junto de uma caverna, viram prostrados por terra os mistas de Aidoneu e de Eras subterrâneo, que, chorando os parentes ou os amigos mortos, cantavam em voz baixa "Aidoneu! Aidoneu! Restitui-nos aqueles que nos levaste, ou faze-nos descer ao teu reino". O vento, engolfando-se na caverna, parecia prolongar por debaixo da terra os risos e os soluços fúnebres.

De repente, um mista, voltando-se para o discípulo de Delfos, diz-lhe: "Tu passaste o limiar de Aidoneu e tornarás a ver a luz dos vivos". Um outro, roçando-o ao passar, segreda-lhe estas palavras: "Sombra, tu serás a presa da sombra; tu, que vens da Noite, volta para Érebo!" E fugiu, correndo.

Sentindo-se gelar de terror, o discípulo de Delfos interroga o seu guia: "Que quer isso dizer?" Mas o servo, parecendo não ter ouvido nada, limitou-se a responder: "É necessário passar a ponte. Ninguém evita o fim." E, em seguida, atravessaram ambos uma ponte de madeira lançada sobre o Peneu.

— De onde vêm — pergunta o neófito — estas vozes soluçantes e esta melopéia triste? Que são essas sombras brancas que caminham em longas filas por debaixo dos álamos?

— São as mulheres que se vão iniciar nos mistérios de Dionísio.

— Sabes os seus nomes?

— Aqui nenhuma pessoa conhece o nome de outra, e cada um procura esquecer o seu, porque, assim como à entrada do domínio sagrado, os mistas deixam os seus vestuários manchados para, depois de se banharem no rio, envergar vestidos puros de linho, assim também cada um abandona o seu nome para receber um outro.

Todos, durante sete dias e sete noites, se transformam, passando a uma outra vida. Olha para todas essas teorias[2] de mulheres e verás que elas não se agrupam segundo as suas famílias ou as suas pátrias, mas segundo o deus que as inspira.

Então, viram desfilar jovens coroadas de narciso, com peplos azulados, levando, castamente enlaçados nos seus braços, cofres, urnas e vasos votivos, às quais o guia chamava as ninfas companheiras de Perséfone.

Em seguida, com os peplos vermelhos, as amantes místicas, as esposas ardentes, as adoradoras de Afrodite. Estas meteram-se por bosque escuro, de onde se ouviam sair apelos violentos misturados a soluços lânguidos, que, pouco a pouco, se foram apagando. Depois, elevou-se do bosque sombrio de mirtos um coro apaixonado, que subiu ao céu em lentas palpitações. "Eros! Tu nos feriste! Afrodite! Tu quebraste os nossos membros! Nós cobrimos o seio com a pele do corçozinho, porém trazemos no peito a púrpura sangrenta das nossas feridas. O nosso coração é um braseiro devorador. Outras morrem de pobreza: a nós consome-nos o amor. Devora-nos, Eros! Ou liberta-nos, Dionísio! Dionísio!"

Uma outra teoria avançou. Era composta de mulheres completamente vestidas de negro, com longos lutuosos véus de lã a arrastar pelo chão e que choravam a morte de

---

[2] Teorias: procissões, embaixadas sagradas enviadas para consultar um oráculo ou para levar oferendas a uma divindade. (N. do E.)

esposos queridos. O guia chamou-lhes as dolorosas de Perséfone. Nesse local havia um grande mausoléu de mármore revestido de heras. As viúvas ajoelhavam-se em volta, desatavam os cabelos e, lançando grandes gritos, respondiam à estrofe do desejo com a antístrofe da dor.

"Perséfone — diziam — tu morreste arrebatada por Aidoneu e com ele desceste ao império dos mortos. Porém, nós, que choramos o bem-amado, somos como mortas-vivas. Que para nós o dia nunca mais nasça. Que a terra que te cobre, ó grande deusa, nos dê o sono eterno e que a nossa sombra erre enlaçada na sombra adorada! Perséfone! Perséfone, tem piedade de nós!"

Diante dessas cenas estranhas, sob o delírio contagioso dessas dores profundas, o discípulo de Delfos sentia-se invadido por mil sensações contrárias e torturantes. Já não se julgava ele: os desejos, os pensamentos, as agonias de todos esses seres tornavam-se os seus próprios desejos e as suas próprias agonias. A sua alma dividia-se para viver em mil corpos. Uma angústia mortal o penetrava e já não sabia se era homem ou sombra.

Então, um iniciado de estatura avantajada, que passava, parou e disse: "Paz às sombras aflitas! Mulheres que sofreis, aspirai à luz de Dionísio. Orfeu espera-vos!" Silenciosas, desfolhando as suas coroas de asfódelos, rodearam-no todas, e com o seu tirso, ele mostrou-lhes o caminho. De novo as teorias se formaram, e o cortejo, depois das mulheres terem bebido pelas suas taças de madeira a água de uma fonte, pôs-se em marcha. Porém, agora, eram as donzelas que seguiam à frente cantando um treno[3] cujo refrão era este: "Agitai as papoulas! Bebei a água do Letes! Dai-nos a flor desejada e que para nossas

---

[3] Treno: canto plangente, elegia, lamentação. (N. do E.)

irmãs refloresça o narciso! Perséfone! Perséfone!

O discípulo caminhou muito tempo ainda acompanhado pelo seu guia; ora atravessando prados onde crescia o asfódelo, ora seguindo sob a sombra dos choupos, que murmuravam tristemente. Aos seus ouvidos chegavam cantos lúgubres, que pairavam no ar e vinham sem se saber de onde; os seus olhos topavam com máscaras horríveis e com figurinhas de crianças feitas de cera, enfaixadas, suspensas das árvores. Aqui e ali, barcas atravessavam o rio, transportando vultos silenciosos como mortos.

Por fim o vale alargou-se, o céu tornou-se claro por cima das altas montanhas e a aurora surgiu. Ao longe percebiam-se as sombrias gargantas do Ossa, sulcadas de abismos onde se amontoam os rochedos desabados. Mais perto, ao meio de um círculo de montanhas, brilhava sobre uma colina assoalhada o templo de Delfos.

O sol começava a doirar os cimos dos montes e, à medida que se aproximavam do templo, viam chegar de toda parte cortejos de mistas, teorias de mulheres e grupos de iniciados. Esta multidão, aparentemente grave, mas interiormente agitada por uma ansiedade tumultuosa, encontrou-se ao pé da colina e, agitando os ramos e os tirsos e saudando-se mutuamente como a amigos, subiu para as proximidades do santuário.

O guia desaparecera. O discípulo de Delfos encontrou-se sem saber como, em um grupo de iniciados com os cabelos luzidos entrelaçados de coroas e de faixas de várias cores. Ele nunca os vira e, no entanto, julgava reconhecê-los, e essa recordação enchia-o de felicidade e alegria. Também eles pareciam esperá-lo, porque o saudavam como a um irmão felicitando-o pela sua feliz chegada. Arrastado no seu grupo e como levado sobre asas, subiu até aos degraus mais altos do templo quando uma onda de luz cegante lhe bateu nos olhos. Era o sol nascente que lançava a sua primeira seta no vale e circundava com os seus raios brilhantes essa multidão de mistas e de iniciados, agrupados sobre as escadarias do templo e pela colina afora.

De repente um coro de vozes entoou o peão, as portas do templo abriram-se por si mesmas e o profeta, o hierofante, Orfeu surgiu, acompanhado do hermes[4] e do porta-facho. O discípulo de Delfos, reconhecendo-o, teve um frêmito de alegria. Vestido de púrpura, com a lira de ouro e marfim na mão, Orfeu, que resplandecia de uma juventude eterna, disse:

— Saúde a todos que viestes para renascer após as dores da terra e que renasceis neste instante. Vinde beber a luz do templo, vós todos que saístes da noite, mistas, mulheres, iniciados. Vinde alegrar-vos, vós que sofrestes; vinde repousar, vós que lutastes. O sol, que eu evoco sobre as vossas cabeças e que vai brilhar nas vossas almas, não é o sol dos mortais; é a luz pura de Dionísio, o grande sol dos iniciados. Pelos vossos sofrimentos passados, pelo esforço que vos traz, vós vencereis e, se acreditais nas palavras divinas, então já sois vencedores.

— Porque, após o longo circuito das existências tenebrosas, vós saireis finalmente do círculo doloroso das gerações, e todos vos encontrareis, como um só corpo, como uma só alma, na luz de Dionísio!

— A centelha divina, que nos guia sobre a terra, existe em nós: ela torna-se facho no templo, estrela no céu. Assim engrandece a luz da Verdade! Escutai vibrar a Lira das sete cordas, a Lira de Deus... Ela faz mover os

---

[4] Hermes: pedestal que suporta uma cabeça de Hermes, qualquer estátua de Hermes. (N. do E.)

mundos. Ouvi bem! Que o som vos atravesse... e abrir-se-ão as profundezas dos céus!

— Socorro aos fracos, consolação aos que sofrem, esperança a todos! Mas desgraça aos maus, aos profanos! Eles serão confundidos, porque no êxtase dos Mistérios cada um vê até o fundo a alma do outro. Ali os maus são feridos pelo terror e os profanadores pela morte.

— E, agora que Dionísio luziu sobre vós, eu invoco Eros celeste e toda poderosa. Que ela seja em vossos amores, em vossos choros, nas vossas alegrias. Amai; porque tudo ama, os demônios do abismo e os deuses do Éter. Amai; porque tudo ama. Mas amai a luz e não as trevas. Lembrai-vos do fim durante a viagem. Quando as almas volteiam na luz, elas trazem como manchas sujas, sobre o seu corpo sideral, todas as faltas da sua vida... E, para as apagar, é necessário que expiem e que regressem à terra... Mas os puros, mas os fortes, vão para o sol de Dionísio.

— E agora, cantai o Evoé![5]

---

[5] O grito de Evoé que na realidade se pronuncia: *Hé*, *Vau*, *Hé*, era o grito sagrado de todos os iniciados do Egito, da Índia, da Fenícia, da Ásia Menor e da Grécia. As quatro letras sagradas pronunciadas como: *Iod-Hé*, *Vau*, *Hé*, representavam Deus na sua fusão eterna com a Natureza; abraçavam a totalidade do Ser, o Universo vivo. *Iod* (Osíris) significava a divindade propriamente dita, o intelecto criador, o Eterno Masculino que está em tudo, por toda parte e acima de tudo. *Hé*, *Vau-Hé* representava o Eterno Feminino. Era Ísis a Natureza, sob todas as suas formas visíveis e invisíveis fecundadas por ele. A mais alta iniciação, a das ciências teogônicas e das artes teúrgicas, correspondia à letra *iod*. Uma outra ordem de ciências correspondia a cada uma das letras de *Evé*. Tal como Moisés, Orfeu reservou as ciências que correspondem à letra *iod* (Love, Zeus, Júpiter) e a idéia da unidade de Deus aos iniciados de primeiro grau, procurando mesmo interessar nele o povo pela poesia, pelas artes e pelos seus

— Evoé! — gritam os arautos aos quatros cantos do templo.
— Evoé! — repetem os címbalos.
— Evoé! — responde a assembléia entusiasta agrupada sobre as escadas do santuário.

E o grito de Dionísio, o apelo sagrado à renascença, à vida, rolou no vale, repetido por mil peitos, repercutido por todos os ecos das montanhas. Até os pastores selvagens do Assa, suspensos com os seus rebanhos ao longo das florestas, perto das nuvens, responderam:

— Evoé!

---

símbolos vivos. É por isso que o grito de Evoé era abertamente proclamado nas festas de Dionísio, onde eram admitidos, além dos iniciados, os simples aspirantes aos Mistérios.

Nisto se vê toda a diferença que havia entre a obra de Moisés e a obra de Orfeu. Ambos partem da iniciação egípcia e possuem a mesma verdade, mas aplicam-na em um sentido oposto. Moisés asperamente, ciosamente, glorifica o Pai, o Deus Masculino, confiando a sua guarda a um sacerdócio fechado e submetendo o povo a uma disciplina implacável, sem revelação. Orfeu, divinamente apaixonado do Eterno Feminino, da Natureza, glorifica-a em nome de Deus que a penetra e que ele deseja fazer brotar na humanidade divina. E eis aí por que, em todos os Mistérios da Grécia, o grito de Evoé se torna o grito sagrado por excelência.

IV
Evocação

A festa acabara como um sonho. Chegara a noite. Quando as danças, os cânticos e as orações se apagavam em uma bruma cor-de-rosa, Orfeu e o seu discípulo desciam por uma galeria subterrânea até à cripta sagrada, que se prolongava no coração da montanha e cujo acesso só era permitindo ao hierofante.

Era ali que o inspirado dos deuses se entregava às suas meditações, ou realizava, com os seus adeptos, as elevadas obras da magia e da teurgia.

Em volta deles estendia-se um espaço vasto e cavernoso, do qual os dois brandões colocados no chão não iluminavam senão vagamente as paredes rachadas e as profundezas tenebrosas. A alguns passos abria-se no chão uma fenda hiante, de onde saía um vento quente — e esse abismo parecia descer até as entranhas da terra. Mais afastado, sobre um altar pequenino, onde ardia um fogo de loureiro seco, perfilava-se uma esfinge de pórfiro. No alto, a uma altura incomensurável, rasgava-se uma abertura oblíquia, pela qual se descobria um retalho de céu estrelado. E o raio de luz azulada, que por ela entrava, dir-se-ia ser o olho do firmamento mergulhando naquele báratro.

— Tu bebeste na fonte da luz eterna — diz Orfeu — entraste de alma pura no coração dos mistérios. Chegou, agora, a hora solene de te fazer penetrar até às fontes da vida e da luz. Aqueles que não levantaram o véu espesso que, aos olhos dos homens, oculta as maravilhas invisíveis, não se tornam filhos dos deuses.

— Escuta, pois, as verdades que é necessário ocultar à multidão e que constituem a força dos santuários.

— Deus é um, sempre igual a si mesmo e em tudo reina. Mas os deuses são inumeráveis e diversos, porque a divindade é eterna e infinita. Os maiores são as almas dos astros. Sóis, estrelas, terras e luas, cada astro tem a sua, e todas brotaram do fogo celeste de Zeus e da luz primitiva. Semiconscientes, inacessíveis, imutáveis, elas dirigem com os seus movimentos regulares o grando todo. Ora, cada astro rolando arrasta, na sua esfera eterizada, falanges de semideuses ou de almas resplandecentes, que foram outrora almas de homens e que, depois de terem descido a escala dos reinos, subiram de novo gloriosamente os ciclos para enfim saírem do círculo das gerações. É por esses espíritos divinos que Deus respira, obra, aparece. Que digo? Eles são o sopro da sua alma viva, os raios da sua consciência eterna e, comandando os exércitos dos espíritos inferiores que excitam os elementos, dirigem os mundos. De perto e de longe eles nos cercam e, conquanto de essência imortal, revestem formas sempre mudáveis conforme os povos, os tempos e as regiões. O ímpio nega-os, mas teme-os: o homem piedoso adora-os sem os conhecer; só o iniciado os conhece, os atrai e os vê. Se eu lutei para os encontrar, se afrontei a morte, se, como dizem, desci aos infernos, foi para domar os demônios do báratro, para chamar os deuses do alto sobre a minha Grécia bem-amada, para que o céu profundo se case com a terra e que a terra encantada escute as vozes divinas. A beleza celeste encarnar-se-á na carne das mulheres, o fogo de Zeus no sangue dos heróis; e, muito antes de remontarem aos astros, os filhos dos deuses resplandecerão como imortais.

— Sabes o que é lira de Orfeu? É o som dos templos inspirados. Eles têm por cordas os deuses. À sua música a Grécia se afinará como uma lira e o próprio mármore cantará em cadências brilhantes, em harmonias celestes. E, agora, eu evocarei os meus deuses, a fim de que eles te apareçam vivos e te mostrem, em uma visão profética, o místico himeneu que eu preparo ao mundo e que os iniciados hão de ver.

— Deita-te ao abrigo desta rocha e não temas nada. Um sono mágico vai cerrar as tuas pálpebras; tu primeiro tremerás e verás coisas terríveis; mas, depois, uma luz deliciosa, uma felicidade desconhecida, inundará os teus sentidos e o teu ser.

Já o discípulo se tinha deitado no nicho, cavado em forma de leito na rocha. Orfeu lançou alguns perfumes sobre o fogo do altar e, depois, tomando o cetro de ébano coroado por um cristal flamejante, colocando-se junto à esfinge e chamando com uma voz profunda, começou a evocação:

— Cibele! Cibele! Grande mãe, ouve-me! Luz original, chama ágil, etérea e sempre movente através dos espaços; que encerras os ecos e as imagens de todas as coisas! Eu chamo os teus corcéis fulgurantes de luz. Ó alma universal, criadora dos abismos, semeadora dos sóis, que deixas arrastar no Éter o teu manto estrelado; luz sutil, oculta, invisível aos olhos da carne; grande mãe dos mundos e dos deuses, tu, que encerras os tipos eternos, antiga Cibele, a mim! A mim! Por meu cetro mágico, por meu pacto com as Potências, pela alma de Eurídice!... Evoco-te, Esposa multiforme, dócil e vibrante sob o fogo do Varão eterno. Do mais alto dos espaços, do mais profundo dos abismos, de toda parte, vem, aflui, enche esta caverna com os teus eflúvios. Cerca o filho dos Mistérios de uma muralha de diamante e faze-o ver no teu seio profundo os Espíritos do Inferno, da Terra e dos Céus.

A estas palavras, um trovão subterrâneo abalou as profundezas do abismo e a montanha toda tremeu.

Um suor frio gelou o corpo do discípulo, que já não via Orfeu senão através de uma fumarada engrandecente. Por um instante ele procurou lutar contra um poder formidável que o esmagava, mas o seu cérebro foi vencido, a sua vontade aniquilada. Então, sentiu os pavores de um afogado que engole água até o pescoço e cuja convulsão horrível termina nas trevas da inconsciência.

Quando voltou a si, a noite reinava em volta dele, uma noite atravessada por um crepúsculo rastejante, amarelado e lodoso. Olhou por muito tempo sem ver nada. De quando a quando, sentia roçar pela sua pele como que invisíveis morcegos. Por fim, vagamente, julgou ver moverem-se nas trevas formas monstruosas de centauros, de hidras, de górgonas. Mas a primeira coisa que apercebeu distintamente foi uma grande figura de mulher, assentada sobre um trono. Envolvia-a um comprido véu, com pregas fúnebres, semeado de estrelas pálidas e tinha sobre a cabeça uma coroa de papoulas.

Os seus olhos imensos, abertos, velavam imóveis. À sua volta moviam-se, como aves cansadas, massas de sombras humanas, que segredavam a meia voz: "Rainha dos mortos, alma da terra, ó Perséfone! Nós somos filhas do céu. Por que estamos exiladas no teu reino sombrio? Ó ceifeira do céu, por que é que ceifaste as nossas almas, que outrora voavam felizes na luz, entre as suas irmãs, nos campos do éter?"

Perséfone respondia:

— Eu colhi o narciso, eu entrei no leito nupcial. Bebi a morte com a vida. Como vós, também eu gemo nas trevas.

— Quando seremos libertadas? — disseram gemendo as almas.

— Quando vier meu esposo celeste, o divino libertador — respondeu Perséfone.

Então, apareceram mulheres terríveis. Os seus olhos estavam injetados de sangue, as cabeças coroadas por plantas venenosas. Em derredor dos seus braços, dos seus flancos seminus, torciam-se serpentes, que elas manejavam em guisa de chicotes:

— Almas, espectros, larvas! — diziam elas com as suas vozes sibilantes — não acrediteis na rainha insensata dos mortos. Nós somos as sacerdotisas da vida tenebrosa, servas dos elementos e dos monstros cá de baixo; Bacantes sobre a terra, Fúrias no Tártaro. Nós é que somos as vossas rainhas eternas, ó almas infelizes, que não saireis do círculo maldito das gerações porque nele vos faremos tornar a entrar com os nossos chicotes. Torcei-vos para sempre entre os anéis sibilantes das nossas serpentes, nos nós do desejo, do ódio e do remorso.

E elas precipitavam-se, desgrenhadas, sobre o rebanho das almas desvairadas que se punham a voltear nos ares, sob as suas chicotadas, como um turbilhão de folhas secas, dando grandes gemidos.

Ao ver isto, Perséfone empalideceu; não parecia já senão um fantasma lunar. E murmurou: "O céu... a luz... os deuses... um sonho!... Sono, sono eterno". A sua coroa de papoulas murchou; os seus olhos fecharam-se de angústia. A rainha dos mortos caiu em letargia sobre o seu trono — e depois tudo desapareceu nas trevas.

A visão mudou. O discípulo de Delfos viu-se em um vale esplêndido e verdejante.

Ao fundo ficava o monte Olimpo. Diante de um antro negro, dormitando sobre um leito de flores, estava a bela Perséfone. Uma coroa de narcisos substituía nos seus cabelos a coroa de papoulas fúnebres e a aurora de uma vida renascente espalhava-lhe nas suas faces uma cor ambrosiana. As suas tranças escuras caíam-lhe sobre as espáduas em uma brancura deslumbrante, e as rosas dos seus seios, docemente levantados, pareciam chamar os beijos dos ventos. Ninfas dançavam em um prado. Nuvenzinhas brancas volteavam no azul. Uma lira ressoava em um templo...

À sua voz de ouro, aos seus ritmos sagrados, o discípulo ouviu a música íntima das coisas, porque das folhas, das ondas, das cavernas, saía uma melodia incorpórea e terna; e as vozes longínquas das mulheres iniciadas, que soltavam os seus coros nas montanhas, chegavam aos seus ouvidos em cadências quebradas. Umas, apaixonadas, chamavam pelo deus; outras julgavam vê-lo ao caírem semimortas de fadiga nas margens da floresta.

Finalmente, o azul abriu-se ao zênite para gerar do seu ventre uma nuvem deslumbrante. Como uma ave que paira um instante no ar e depois abate sobre a terra, o deus que empunhava o tirso desceu e veio colocar-se diante de Perséfone. Tinha um ar radioso, os cabelos desmanchados, e nos seus olhos rolava o delírio sagrado dos mundos a nascer. Por muito tempo contemplou-a com ternura, depois estendeu sobre ela o seu tirso. O tirso roçou-lhe o seio — ela sorriu. Depois tocou-lhe a fronte — ela abriu os olhos, ergueu-se lentamente e contemplou o seu esposo. Esses olhos, ainda cheios do sono do Érebo[1], brilharam como duas estrelas.

— Reconheces-me? — pergunta o deus.

— Ó Dionísio! — exclama Perséfone — Espírito divino. Verbo de Júpiter, Luz celeste que resplandece sob a forma do homem! Cada vez que tu me despertas, eu julgo viver pela primeira vez; os mundos renascem na minha memória: o passado, o futuro tornam-se o imortal presente; e eu sinto no meu coração resplandecer o Universo.

Ao mesmo tempo, por de cima das montanhas, numa clareira de nuvens prateadas, apareceram os deuses curiosos, inclinados para a terra.

Embaixo, grupos de homens, de mulheres e de crianças, saídas dos vales e das cavernas, olhavam, em um arroubamento celeste, os Imortais; dos templos subiam, com ondas de incenso, hinos abrasados; entre o céu e a terra preparava-se um desses casamentos que fazem com que as mães concebam os heróis e os deuses. Já uma tinta rósea se espalhava sobre a paisagem; já a rainha dos mortos, tornada de novo a ceifeira divina, subia ao céu levada nos braços do esposo.

Depois, uma nuvem cor de púrpura envolveu-os, e os lábios de Dionísio uniram-se à boca de Perséfone... então, um imenso grito de amor partiu do céu e da terra, como se o estremecimento sagrado dos deuses passando sobre a grande lira quisesse romper-lhe todas as cordas,

---

[1] Érebo: inferno, abismo. (N. do E.)

espalhar os seus sons a todos os ventos. Ao mesmo tempo brotou do par divino uma fulguração, uma fulguração de luz cegante... E tudo desapareceu.

Por um momento, o discípulo de Orfeu como que se sentiu absorvido na fonte de todas as vidas, submerso no sol do Ser. Mas, mergulhando no seu braseiro incandescente, dele rompeu com as suas asas celestes e, como um relâmpago, atravessou os mundos para atingir em suas fronteiras o sono extático do infinito.

Quando readquiriu os seus sentidos corpóreos, encontrou-se mergulhado no negror da noite. Nas trevas profundas só uma lira luminosa brilhava. Mas ela fugia, fugia e trasformava-se em uma estrela.

Só então é que o discípulo compreendeu que estava na cripta das evocações, e que esse ponto luminoso era a fenda longínqua da caverna abrindo para o firmamento.

Uma grande sombra se mantinha de pé, junto dele. Era Orfeu, que ele reconheceu por causa do seu cabelo em anéis e do seu cetro de cristal flamejante.

— Filho de Delfos, donde vens? — diz-lhe o hierofante.

— Ó mestre dos iniciados, celeste encantador, maravilhoso Orfeu, tive um sonho divino. Seria um encanto da magia, um dom dos deuses? Que se passou? O mundo ter-se-ia transformado? Onde é que me encontro?

— Tu conquistaste a coroa da iniciação e viveste o meu sonho: a Grécia imortal! Mas saiamos daqui, porque, para que tudo se cumpra, é necessário que eu morra e que tu vivas.

V

A MORTE DE ORFEU

A hora em que nos flancos do monte Caucaion as florestas de carvalhos mugiam chicoteadas pela tempestade e que sobre as rochas nuas o raio estalava violentamente e o trovão ribombando fazia tremer até as bases o templo de Júpiter, em uma cripta abobadada do santuário, os sacerdotes de Zeus, assentados sobre as suas poltronas de bronze, formavam um semicírculo. No meio deles de pé, como um acusado, Orfeu, mais pálido que nunca, tinha nos olhos calmos uma chama profunda.

Então, o mais velho dos sacerdotes, elevando a sua voz, grave como a de um juiz, disse:

— Orfeu, a ti, que dizem filho de Apolo, nós demos o cetro místico dos filhos de Deus e tu reinas sobre a Trácia pela arte sacerdotal e real. Tu restauraste nesta região os templos de Júpiter e de Apolo e fizeste reluzir na noite dos Mistérios o divino sol de Dionísio. Mas sabes, porventura, o que nos ameaça? Tu que conheces os segredos terríveis, tu que por mais de uma vez nos tens adivinhado o futuro e que de longe falas aos teus discípulos, aparecendo-lhes em sonhos, tu ignoras o que se passa à tua volta. Na tua ausência, as bacantes selvagens, as sacerdotisas malditas, reuniram-se no valezinho de Hécate e, conduzidas por Aglaonice, a mágica de Tessália, persuadiram os chefes das margens do Ebro a restabelecer o culto da sombria Hécate e ameaçam destruir os templos dos deuses varonis e todos os altares do Altíssimo. Excitados pelas suas bocas ardentes, alumiados pelos seus archotes incendiários, mil guerreiros trácios acampam junto a esta montanha, e amanhã, excitados pelo hálito dessas mulheres vestidas de peles de pantera, ávidos de sangue masculino, darão o assalto ao templo. Condu-los Aglaonice, a grande sacerdotisa da tenebrosa Hécate, a mais terrível das mágicas, implacável e obstinada como uma Fúria. Tu deves conhecê-la! Que dizes, pois, a isto?

— Eu sabia tudo que me contas — respondeu Orfeu — e tudo isso devia realizar-se.

— Então por que não tens feito alguma coisa para nos defender? Aglaonice jurou degolar-nos sobre os nossos altares, em face do céu vivo que adoramos. Mas que vai suceder a este templo, aos seus tesouros, a tua ciência e ao próprio Zeus se tu o abandonas?

— Não estou eu convosco? — replicou docemente Orfeu.

— Sim, vieste, mas muito tarde — disse o velho. Aglaonice domina as bacantes e as bacantes dominam os trácios. É com o raio de Júpiter e com as flechas de Apolo que os repelirás? Por que não chamaste tu a este recinto os chefes trácios fiéis a Zeus para com eles esmagar a revolta?

— Não é pelas armas, mas pela palavra, que se defendem os deuses. Não são os chefes, mas sim as bacantes, que é necessário ferir. Eu irei, eu só. Ficai tranqüilos. Nenhum profano transporá este recinto. Amanhã acabará o reinado das sacerdotisas sanguinárias. E sabei-o bem, vós que tremeis diante da horda[1] de Hécate, os deuses celestes e solares vencerão. A ti, velho, que duvidavas de mim, deixo o cetro de pontífice e a coroa de hierofante.

— Que vais fazer? — exclama o velho, aterrorizado.

— Vou juntar-me aos deuses... A vós todos, até à vista!

Orfeu saiu, deixando os sacerdotes mudos nas suas cadeiras. No templo encontrou o discípulo de Delfos e, tomando-lhe com força a mão, disse:

— Vou ao campo dos trácios, segue-me.

Marcharam por algum tempo debaixo dos carvalhos; a trovoada já estava longe, por entre os ramos espessos brilhavam as estrelas.

— Para mim bateu a hora suprema — diz Orfeu. Os outros compreenderam-me; tu, porém, amaste-me. Eros é o mais antigo dos deuses, dizem os iniciados; é ele que tem a chave de todos os seres. Também te fiz penetrar no fundo dos Mistérios: os deuses falaram-te, tu os viste! Agora, longe dos homens, só a só contigo, à hora da sua morte, Orfeu deve deixar ao seu discípulo amado a palavra do seu destino, a herança imortal, o facho puro da sua alma.

— Mestre! Eu ouço e obedeço — diz o discípulo de Delfos.

— Caminhemos sempre — diz Orfeu — sobre esta vereda que desce. A hora aperta, pois quero surpreender os meus inimigos. Mas, seguindo-me, escuta e grava as

---

[1] Horda: tribo nômade, bando, grupo selvagem. (N. do E.)

minhas palavras na memória, guardando-as, porém, como um segredo.

— Elas ficam impressas em letras de fogo no meu coração e os séculos não as apagarão jamais.

— Tu sabes, já, que a alma é filha do céu. Tu contemplaste a tua origem e o teu fim, e começas a recordar-te. Quando ela desce à carne, continua, embora fracamente, a receber o influxo do alto. É por nossas mães que primeiro nos chega esse sopro poderoso. O leite de seus peitos nutre o nosso corpo; mas é da sua alma que se alimenta o nosso ser, angustiado pela sufocante prisão do corpo. Minha mãe era sacerdotisa de Apolo, e as minhas primeiras recordações mostram-me um bosque sagrado, um templo solene, uma mulher trazendo-me nos seus braços; envolvendo-me na sua cabeleira doce como em um quente vestuário. O objetivo terrestre, as visagens humanas, enchiam-me de um espantoso terror. Porém, logo que minha mãe me apertava nos seus braços, eu encontrava o seu olhar e ele inundava-me de uma recordação divina do céu. Mas esse raio luminoso morreu no cinzento sombrio da terra: um dia minha mãe desapareceu; tinha morrido. Privado do seu olhar, desviado das suas carícias, eu fiquei espantado com a minha solidão. Depois, uma vez tendo visto correr o sangue em um sacrifício, tomei horror ao templo e desci aos vales tenebrosos.

— As bacantes surpreenderam a minha mocidade. Já então Aglaonice reinava sobre as mulheres voluptuosas e cruéis, e todos os homens e mulheres a temiam. Essa tessaliana, que inspirava um sombrio desejo e dominava pelo terror, exercia uma atração fatal sobre todos aqueles que dela se aproximavam. Pelas artes da infernal Hécate, atraía as donzelas ao seu vale e instruíaas no seu culto. Por esse tempo tinha ela lançado as suas vistas sobre uma donzela, Eurídice, por quem sentia a um tempo um amor furioso, maléfico e uma inveja perversa. Ela queria arrastar essa virgem ao culto das bacantes, dominá-la, entregá-la aos gênios infernais, depois de ter maculado a sua inocência. E, para isso, começara por a envolver nas suas promessas sedutoras, nas suas encantações noturnas.

— Atraído por não sei que pressentimento ao valezinho do Tempe, eu caminhava um dia sobre a erva crescida de um prado cheio de plantas venenosas. À minha volta reinava o horror dos bosques sombrios habitados pelas bacantes. Sentiam-se baforadas de perfumes, como um hálito quente de desejo. Então, descobri à minha frente Eurídice que caminhava lentamente, sem me ver, para um antro, como que fascinada por um destino invencível. Do bosque das bacantes saía por vezes um riso ligeiro, por outras um estranho suspiro. Eurídice detinha-se fremente, indecisa; depois, punha-se de novo a caminhar, como que atraída por um poder mágico. Os anéis de ouro dos seus cabelos voavam sobre as suas brancas espáduas, os seus olhos de narciso nadavam em embriaguez, enquanto ela marchava para a boca do Inferno. Mas eu contemplara o céu dormente do seu olhar. — Eurídice! — gritei tomando-lhe a mão. — Aonde vais? Como acordada de um sonho, ela deu um grito de horror e de libertação e depois caiu sobre o meu peito. Foi então que o divino Eros nos dominou, e, com um olhar, Eurídice e Orfeu foram esposos para sempre.

— Todavia, Eurídice, que no seu terror me conservava enlaçado, com um gesto de medo mostrou-me a gruta. Aproximei-me e vi uma mulher assentada. Era Aglaonice. Perto dela uma estatuazinha de Hécate, feita de cera e pintada de vermelho, de branco e de negro, tinha nas mãos um chicote. Aglaonice, fazendo girar a sua roda mágica, murmurava palavras de encantamento enquanto seus olhos fixos no vácuo pareciam devorar a sua presa. Quebrei a roda, calquei aos pés a imagem de Hécate e, trespassando a mágica com um olhar, gritei-lhe:

"— Por Júpiter! Proíbo-te, sob pena de morte, que tornes a pensar em Eurídice! E ficarás sabendo que os filhos de Apolo te não temem."

"Aglaonice, interdita, torceu-se como uma serpente sob o meu gesto e, ao desaparecer na sua caverna, lançou-me um olhar de ódio mortal.

— Conduzi Eurídice aos arredores do meu templo. As virgens do Ebro, coroadas de jacinto, cantavam em derredor de nós: Himeneu! Himeneu! — e eu conheci a felicidade!

— A lua ainda não mudara por três vezes, quando uma bacante mandada pela tessaliana apresentou a Eurídice uma taça de vinho que, no dizer dela, lhe daria a ciência dos filtros e das ervas mágicas. Eurídice, curiosa, bebeu e caiu fulminada. A taça encerrava um veneno mortal. Quando eu vi a fogueira consumir Eurídice, quando eu vi o túmulo devorar as suas cinzas, quando a última recordação da sua forma viva desapareceu, então eu gritei: "Onde está a sua alma?" E parti desesperado. Depois, errei por toda a Grécia. Debalde, aos sacerdotes da Samotrácia supliquei que a evocassem; debalde a fui procurar às entranhas da terra, ao cabo Tênaro. Finalmente, cheguei ao antro de Trofônio, onde certos sacerdotes conduzem os visitantes temerários por uma fenda até aos lagos de fogo que fervem no interior da terra, fazendo-lhes ver o que lá se passa. Durante o caminho o visitante entra em êxtase e sente que se lhe abre a dupla vista. Respira-se com custo, a voz estrangula-se na garganta e só por sinais se pode comunicar. Uns recuam a meio do caminho, outros persistem e morrem asfixiados, e, dos poucos que de lá saem vivos, a maior parte fica louca. Depois de ter visto o que boca alguma deve repetir, eu regressei à gruta e caí em uma letargia profunda. Durante esse sono de morte apareceu-me Eurídice. Ela flutuava em um nimbo, pálida como um raio de luar, e disse-me: "Por mim tu afrontaste o inferno depois de me ter buscado entre os mortos. Eis-me aqui, acorrendo ao teu apelo. Eu não habito o seio da terra, mas a região do Érebo, o cone de sombra que há entre a Terra e a Lua. É nesse limbo que eu turbilhono a chorar como tu. Se queres libertar-me, salva a Grécia, outorgando-lhe a luz. Então, eu, readquirindo as minhas asas, subirei para os astros, e tu encontrar-me-ás na luz dos deuses. Até que isso aconteça, é meu destino errar na esfera turva e dolorosa..." Por três vezes eu quis abraçá-la; por três vezes ela se dissipou nos meus braços como uma sombra. Ouvi apenas como que um som de corda que quebra; depois, uma voz fraca como um sopro, triste como um beijo de adeus, murmurou: — Orfeu!

— Ao som dessa voz acordei. Esse nome, proferido por uma alma, transformou o meu ser. Senti passar em mim o estremecimento sagrado em um desejo imenso e o poder de um sobre-humano amor. Eurídice viva ter-me-ia dado a embriaguez da felicidade; Eurídice morta fez-me achar a Verdade. Foi por amor que eu envergüei o vestido de linho, votando-me à grande iniciação e à vida ascética; foi por amor que penetrei a magia e busquei a ciência divina; foi por amor que atravessei as cavernas da Samotrácia, os poços das Pirâmides e os túmulos do Egito. Sondei a morte para nela encontrar a vida, e, para além da vida os limbos, as almas, as esferas transparentes, o Éter dos deuses. A terra abriu-me os seus abismos, o céu os seus templos rutilantes. Apoderei-me da ciência, oculta sob as múmias. Os sacerdotes de Ísis e de Osíris entregaram-me os seus segredos. Mas eles só tinham esses deuses, e eu tinha Eros! Por ele falei, cantei, venci. Por ele, soletrei o verbo de Hermes e o verbo de Zoroastro; por ele aprendi o de Júpiter e o de Apolo.

— Porém a hora de confirmar a minha missão pela minha morte chegou. Ainda uma vez é-me preciso descer ao inferno para subir ao céu. Escuta, filho querido do meu verbo: tu levarás a minha doutrina ao templo de Delfos e a minha lei ao tribunal dos Anfictiões. Dionísio é o sol dos iniciados; Apolo será a luz da Grécia; os Anfictiões, os guardas da sua justiça.

O hierofante e o seu discípulo tinham atingido o fundo do vale. Na sua frente encontrava-se uma clareira e viam-se, sob os grandes maciços de sombrias árvores, tendas e homens deitados por terra. Ao fundo, na floresta, havia fogueiras quase apagadas; archotes vacilantes passavam.

Orfeu caminhava tranqüilamente pelo meio dos trácios adormecidos e fatigados por uma orgia noturna. Uma sentinela, que ainda velava, perguntou-lhe o nome.

— Sou um mensageiro de Júpiter. Chama os teus chefes — respondeu Orfeu.

"Um sacerdote do templo!..." Esse grito soltado pela sentinela espalhou-se, como um sinal de alarme, por todo o acampamento. Os homens chamam-se uns aos outros, armam-se à pressa, e, quando os chefes surpreendidos acorrem, cercando o pontífice, já as espadas brilham.

— Quem és tu? Que vens aqui fazer?

— Sou um enviado do templo, que vos vem dizer a vós todos, reis, chefes, guerreiros da Trácia, que renuncieis a lutar com os filhos da luz e reconheçais a divindade de Júpiter e de Apolo. Os deuses do alto falam-vos pela minha boca. Eu venho como amigo, se vós me escutais; como juiz, se vos recusais a ouvir-me.

— Fala — disseram os chefes.

De pé, sob um grande olmo, Orfeu falou. Ele falou das graças dos deuses, do encanto da luz celeste, dessa vida pura que levava lá em cima, com seus irmãos iniciados, sob o olhar do grande Urano, e que queria comunicar a todos os homens; falou, prometendo apaziguar as discórdias, sarar os doentes, ensinar as sementes que produzem os mais belos frutos da terra, e aquelas, mais preciosas ainda, que produzem os frutos divinos da vida: a alegria, o amor, a beleza. E, enquanto ele falava, a sua voz grave e doce vibrava como as cordas de uma lira e penetrava cada vez mais fundo nos corações dos trácios abalados.

Do fundo dos bosques, as bacantes curiosas, empunhando archotes, tinham acorrido também, atraídas pela música dessa voz humana. Vestidas simplesmente com a pele das panteras, elas mostravam os seus seios morenos e os seus flancos soberbos. À claridade dos archotes, os seus olhos brilhavam de crueldade e luxúria. Porém, pouco a pouco, acalmadas pela voz de Orfeu, elas agruparam-se à volta dele ou aninharam-se a seus pés como bestas feras domadas. Umas, tomadas de remorsos, fixavam na terra um olhar sombrio; outras escutavam arrebatadas. E os trácios, comovidos, murmuravam entre si: "É um deus que fala; é o próprio Apolo que encanta as bacantes!"

No entanto, Aglaonice espiava do fundo do bosque. A grande sacerdotisa de Hécate, vendo os trácios imóveis e as bacantes arrastadas por uma magia mais forte do que a sua, sentiu que o céu vencia o inferno e que o seu poder maldito se afundava nas trevas donde tinha saído, por causa da palavra do divino sedutor. Então, rugindo de cólera, lançou-se, com um esforço violento, diante de Orfeu.

— Um deus, dizeis? E eu digo-vos que é Orfeu, um homem como vós, um mago que vos engana, um tirano que se apodera das vossas coroas. Um deus, dizeis? O filho de Apolo? Ele? O sacerdote? O pontífice orgulhoso? Que se lancem sobre ele! Se é deus, que se defenda... e se eu minto, que me desfaçam!

Aglaonice vinha acompanhada por alguns chefes, excitados pelos seus malefícios e inflamados pelo seu ódio. Eles atiraram-se ao hierofante. Orfeu soltou um grito lancinante e caiu varado das suas espadas. Mas, antes de soltar o derradeiro suspiro, estendeu a mão ao seu discípulo e disse:

— Eu morro, mas os deuses vivem!

Depois expirou. Inclinada sobre o seu cadáver, a mágica da Tessália, cuja visagem nesse momento se assemelhava à de Tisífona, espiava com uma alegria selvagem o último suspiro do profeta e preparava-se para tirar um oráculo da sua vítima. Porém, qual não foi o pavor da tessaliana vendo, ao clarão flutuante do archote, essa cabeça cadavérica reanimar-se, um pálido rubor espalhar-se sobre a face do morto, os seus olhos reabrirem-se, imensos, e um olhar profundo, doce e terrível ir fixar-se nela... enquanto que uma voz estranha — a voz de Orfeu — escapava-se mais uma vez dos seus lábios palpitantes para pronunciar distintamente estas três sílabas melodiosas e vingadoras:

— Eurídice!

Diante desse olhar, a essa voz, a sacerdotisa horrorizada recuou gritando: "Ele não está morto! Ele vai perseguir-me para sempre! Orfeu... Eurídice!" E, pronunciando estas palavras, Aglaonice desapareceu como chicoteada por cem fúrias. As bacantes, apavoradas, e os trácios, tomados de horror pelo seu crime, fugiram na noite soltando gritos de dor.

O discípulo ficou só junto ao corpo do mestre. Quando um raio sinistro de Hécate veio iluminar o linho ensangüentado e a face pálida do grande iniciador, pareceu-lhe que o vale, o rio, as montanhas e as florestas profundas gemiam como uma grande lira.

O corpo de Orfeu foi queimado pelos seus sacerdotes e as suas cinzas, levadas para um longíquo santuário de Apolo, foram veneradas como as de um deus. Nenhum dos revoltosos se atreveu a subir ao templo de Caucaion, no qual a tradição de Orfeu, a sua ciência e os mistérios se perpetuaram, espalhando-se daí para todos os templos de Júpiter e de Apolo. Os poetas gregos diziam que Apolo se tornara ciumento de Orfeu, porque este era invocado mais freqüentemente do que ele. A verdade é que quando os poetas cantavam Apolo, os grandes iniciados invocavam a alma de Orfeu, salvador e adivinhador.

Mais tarde, os trácios, convertidos à religião de Orfeu, contaram que ele descera ao inferno para lá procurar a alma da esposa, e que as bacantes, ciosas do seu amor eterno, o tinham feito em bocados; mas que a sua cabeça, lançada no Erebo e levada pelas suas ondas tumultuosas, chamava ainda e sempre:

"— Eurídice! Eurídice!"

Assim, os trácios louvaram como um profeta aquele que tinham morto como um criminoso e que, pela sua morte, os convertera. Assim, o verbo órfico se infiltrou misteriosamente nas veias da Grécia pelas vias secretas dos santuários e da iniciação.

À sua voz os deuses conciliaram-se, como no templo, ao som de uma lira invisível se ajusta em um coro apaixonado as vozes dos iniciados — e a alma de Orfeu tornou-se a alma da Grécia.

Textos Complementares

ORFEU

Orfeu é filho de uma Musa[1], Calíope[2] (segundo outras versões, Polínia ou Clio), e de Eagro, rei da Trácia. Poeta e músico, encanta com as suas canções todos os que o rodeiam; os animais selvagens seguem-no subjugados, as árvores inclinam-se para ele, os próprios rochedos comovem-se com os acordes suaves da sua lira. É supostamente o inventor deste instrumento, ou ainda aquele que aperfeiçoou a lira de sete cordas que Apolo recebera do jovem Hermes, acrescentando-lhe duas novas cordas em homenagem às Musas. Tomou parte na expedição dos Argonautas, marcando o ritmo para os remadores e acalmando com a sua voz as vagas impetuosas. Graças a ele, os seus companheiros escaparam à morte junto ao rochedo das Sereias, porque a beleza do seu canto tornou inoperante o encanto das vozes enfeitiçantes.

---

[1] Musa: as Musas eram filhas de Júpiter; protegiam as artes, as ciências e as letras. (N. do E.)
[2] Calíope: Musa da poesia épica e da eloqüência. (N. do E.)

O tema da descida aos Infernos está presente, desde o início, no mito de Orfeu, remontando, sem dúvida, a estruturas religiosas e sociais muito arcaicas; foi posteriormente associado a um tema sentimental (o amor para além da morte), que se tornou sobretudo uma fonte de inspiração literária na época alexandrina. Orfeu casara com a ninfa Eurídice e amava-a apaixonadamente. Um dia, quando corria descalça para escapar à perseguição de Aristeu, filho de Apolo, foi picada por uma serpente e morreu[3]. Inconsolável, Orfeu decide ir buscá-la aos Infernos. A magia do seu canto toma conta de todos os que habitam o reino dos mortos; o terrível Cérbero acalma-se, as súplicas deixam de fazer-se ouvir. Hades e Perséfone, também comovidos, consentem em deixar partir Eurídice com o seu esposo, na condição de ela caminhar atrás dele e de ele não se voltar para trás antes de chegar ao mundo dos vivos. Mas, pouco antes de chegar à luz, Orfeu, incapaz de resistir, vira-se e Eurídice desaparece, desta vez perdida para sempre.

Orfeu chora-a desesperadamente e conhece um fim trágico sobre o qual as tradições divergem. Mas, na sua maioria, figura como uma constante o fato de as mulheres o terem esquartejado, reminiscência, sem dúvida, de ritos pré-helênicos bastante antigos (morte de um rei sagrado em uma sociedade matriarcal). Assim Orfeu é esquartejado pelas mulheres trácias, furiosas por se veram preteridas, quer pelo fato de ele manter a Eurídice uma fidelidade inabalável, quer por, depois de a ter perdido, entregar-se apenas ao amor de jovens rapazes. Ou Orfeu teria ainda, diz-se, depois do seu regresso dos

---

[3] Esta é uma das versões conhecidas sobre a morte de Eurídice. (N. do E.)

Infernos, instituído Mistérios reveladores dos segredos do além, mas reservando-os aos homens; uma noite, quando estavam reunidos em celebração, as mulheres apoderaram-se das suas armas, que eles tinham deixado à porta, e massacraram-nos a todos, incluindo Orfeu. Atribui-se frequentemente o assassínio do poeta-músico às Ménades. Habitadas pelo furor dionisíaco, tê-lo-iam feito em pedaços durante uma orgia báquica no monte Pangeu, vingando-se assim Dionísio de ter visto Orfeu louvar Apolo, de neglicenciar o seu próprio culto e, em particular, de ensinar a recusa dos sacrifícios sanguinários.

Nos relatos em que o herói é esquartejado, as mulheres lançam os pedaços do cadáver ao rio Ebro, que os conduz ao mar. A cabeça e a lira do poeta, vogando sobre as águas, dão à costa da ilha de Lesbos, onde as habitantes lhes constroem um túmulo. Durante muito tempo continuarão a sair dele cantos dolorosos e o som da lira. Assim, Lesbos tornar-se-á o lugar de eleição da poesia lírica grega.

Em torno do mito da descida aos Infernos, cristalizou-se uma corrente de pensamento, original no mundo grego, que fez de Orfeu, que detinha supostamente revelações sobre o trajeto a seguir pelas almas no além, uma espécie de profeta de uma religião da Salvação. O Orfismo, nascido em um contexto popular, é antes de mais um tipo de vida específico, marcado por ritos de purificação, pela utilização de fórmulas mágicas, por numerosas proibições, entre as quais a de comer carne — vegetarianismo que põe os praticantes à margem das práticas religiosas e sociais da cidade. Esta "vida órfica" está associada a uma teologia que apresenta a sua própria explicação da origem do mundo, mas também da origem do homem e do seu destino espiritual. O mundo nasceu de um ovo primordial, do qual surgiu o primeiro ser, simultaneamente macho e fêmea, que irá gerar todas as coisas: Fanes (o brilhante) ou ainda Eros. A parte superior do ovo tornou-se a abóbada celeste e a parte inferior, a Terra.

Da teogonia que se segue, reteremos sobretudo o mito de Zagreu, filho de Zeus e de Perséfone, criado pelos Titãs, que o fizeram em pedaços e o devoraram. Foi ressuscitado por Zeus quando este gerou Dionísio, ao qual é habitualmente associado como divindade central do Orfismo. Quanto ao homem, nasceu das cinzas dos Titãs fulminados, sendo, portanto, parcialmente de natureza divina, mas também marcado pela mancha do assassínio. Esta espécie de pecado original condena-o a viver prisioneiro de um corpo de homem ou de animal. Depois de uma série de reencarnações e de estadas no Inferno, onde expia as suas faltas, a sua alma pode, finalmente, aceder a uma purificação definitiva e escapar à sua condição para recuperar o seu estatuto divino.

O pensamento grego, de Pitágoras a Platão, foi largamente influenciado pelas doutrinas órficas, pois elas respondiam a necessidades espirituais que a religião tradicional não podia satisfazer; e a sua preocupação central com a salvação da alma, a sua tendência para o monoteísmo, contribuíram também de forma importante para a passagem do Paganismo para o Cristianismo: na arte paleocristã, Orfeu surge frequentemente como uma prefiguração pagã de Cristo.

Linguagem

Um orfeão é um grupo coral de homens ou uma fanfarra, nomeadamente municipal.

Literatura

O mito de Orfeu é frequentemente evocado pelos autores gregos: os Trágicos (Ésquilo, *Agamêmnon*; Eurípides, *Ifigênia na Áulis*, Alceste, *As Bacantes*), Platão (*A República*, 364; *O Banquete*, 179) e, no século I a.C., *Diodoro de Sicília* (I, 111, IV); os Latinos, como Ovídio (*Metamorfoses*, X, XI) e Virgílio, no comovente relato da *IX Geórgica*, retomam o mito.

O mito de Orfeu é talvez um dos que mais inspiraram as representações artísticas mais ricas, provavelmente porque o seu protagonista é ele próprio um criador, símbolo por excelência do músico e do poeta, a quem a sua obra confere poderes excepcionais. É certo que, antes de mais nada a história de Orfeu e de Eurídice é a história de um amor absoluto, que ignora a morte. Orfeu não é apenas aquele que, recusando-se a aceitar o desaparecimento daquela que ele ama, desafia as forças infernais; é também aquele que morre de amor, uma vez que é a sua fidelidade à memória de Eurídice que provova a fúria das mulheres.

No entanto, é um amor que contém em si a sua própria fraqueza: Orfeu não conseguiu resistir à última prova, é o próprio excesso da sua paixão impaciente que causa a perda de Eurídice. Acima de tudo, não é o seu amor que lhe permite entrar nos Infernos: é a força do seu canto. Orfeu surge então como a figura do poeta que não teme enfrentar a morte para encontrar nela a sua mais bela inspiração. Em certas obras, vemos também a figura de Eurídice apagar-se até se tornar um pretexto para a exploração de um domínio interdito ao homem.

O amor de Orfeu e Eurídice é representado pela primeira vez no teatro com *A Fábula de Orfeu*, de Ange

Politien (1494), obra a que se seguirão inúmeras outras, entre as quais: *O Conto de Orfeu* e *Eurídice* de Robert Henryson (1508), *O Marido mais Fiel* de Lope de Vega (final do século XVI), *O Divino Orfeu* de Calderón (século XVII), o libreto de Rinuccini (*Eurídice*, 1600) e o de Ranieri de Calzabigi, que inspirará a ópera de Gluck em 1762. O casal está, portanto, sempre no centro destas versões e, por vezes, a sua história é tratada em forma de comédia, quando não em tom de *vaudeville*, como no caso de *Orfeu nos Infernos de Offenbach* (1858-1874), onde Eurídice é uma "coquete" a quem a música do seu marido aborrece. Também a Eurídice de Anouilh (1942) põe em cena um casal desunido pela infidelidade de Eurídice. O mito surge então como a representação do amor impossível.

Todavia, a partir do século XIX, a figura de Orfeu poeta parece sobrepor-se à do marido inconsolável. Assim, Gérard de Nerval coloca em epígrafe da segunda parte de *Aurélia* (1855) o célebre grito de Orfeu na ópera de Gluck: *"Eurídice, Eurídice!"*, pois o narrador acaba de perder pela segunda vez, e por sua própria culpa, a mulher da qual depende a sua sorte: sobretudo perde a esperança de a encontrar depois da morte, pois está certo de que não será salvo. Mas, no final, o narrador é libertado do seu amor, e associa a experiência da loucura a uma "descida aos Infernos", sai vencedor desta prova graças à virtude salvadora da escrita poética. E talvez também este seja o sentido do misterioso verso de *El Desdichado* (*As Quimeras*, 1856), onde o poeta, modulando o seu canto "com a lira de Orfeu", é aquele que pode dizer: *"E por duas vezes vencedor atravessei o Aqueronte"*.

Pouco a pouco, afirma-se uma nova leitura do mito, segundo a qual é a música, ou a poesia, a verdadeira amante de Orfeu e a finalidade da sua descida aos Infernos. Assim, em *Orfeu-Rei* de Victor Segalen (1916), a amante do poeta tem ciúmes da sua música, tal como em *Orpheus descending*, de Tenessee Williams (1957), onde o poeta, que toca guitarra, prefere-a ao amor das mulheres. O fascínio poético da morte é também visível na obra de Rainer Maria Rilke, com *Orfeu, Eurídice, Hermes* (*Novos Poemas*, 1907-1908) e *Sonetos a Orfeu* (1923), ou ainda nos *Cantos Órficos* de Dino Campana (1941).

A obra de Proust também é atravessada por referências, por vezes humorísticas, ao mito de Orfeu, podendo este dar conta da oposição entre o amor e a arte que está na base de *Em busca do Tempo Perdido* (1913-1928). Se o mito está associado a todas as experiências de separação (Swann procura Odette entre as sombras dos bairros parisienses; o narrador fala com a sua avó pelo telefone), é o amor do narrador por Albertine, perdida uma primeira vez pela sua fuga e uma segunda pela sua morte, que parece mais conforme ao esquema mítico. Após a sua morte, é em vão que o narrador vira-se para o inferno do passado de Albertine; é um mundo que lhe está interdito.

No entanto, a verdadeira descida aos Infernos do narrador tem talvez lugar na manhã passada em Guermantes, onde, entre as personagens envelhecidas que se assemelham já a sombras, ele compreende que terá de ir buscar à sua exploração do passado não apenas os rostos dos entes queridos já desaparecidos, mas a obra literária.

Esta desvalorização do amor em proveito da escrita é também aquela que está presente no filme escrito e realizado por Jean Cocteau, *Orfeu* (1949); o poeta está pouco preocupado em ressuscitar Eurídice, a sua esposa terna e sábia. Procura o encontro com a Morte, essa mulher de uma beleza misteriosa que lhe mostrou a passagem de um mundo a outro através dos espelhos e, sobretudo, deu-lhe acesso a uma estranha poesia que ele se esforça por decifrar. Orfeu fica, portanto, imensamente feliz por perder a sua mulher, pois assim poderá regressar ao reino da Morte. De resto, no seu filme *O Testamento de Orfeu* (1693), Cocteau afasta-se claramente do tema do amor para exaltar os laços entre a poesia e a morte. As obras modernas põem assim a tónica na aventura poética que é, antes de mais, a de Orfeu; e se concedem um lugar ao amor é para sublinhar que ele deve passar pela ausência e pela dor.

Iconologia

Orfeu é representado quer com a sua lira, encantando os animais ou as pessoas (*Orfeu entre os Trácios*, taça grega, 450 a.C., Berlim; *Orfeu Encantando os Animais*, século IV d.C., mosaico romano, Laon; e uma dezena de quadros modernos, entre os quais *Orfeu*, título de várias telas de Gustave Moreau, 1865, Paris), quer com Eurídice ou chorando-a (*Orfeu e Eurídice*, baixo relevo grego, século V a.C., Nápoles; com o mesmo título, quadro de Poussin, século. XVII, Louvre; Gustave Moreau, *Orfeu no Túmulo de Eurídice*, 1890, Paris). O seu cortejo de Ménades foi sobretudo representado na Antiguidade: *Ménade*, taça grega, 480 a.C., Palermo; *Ménade Dançando*, relevo grego, 400 a.C., Roma. Entre inúmeras obras, citemos *Orfeu Massacrado pelas Mulheres da Trácia*, desenho de Dürer (século XVI, Naumburg) e *Orfeu Ensinando aos Homens as Artes da Paz*, quadro de Delacroix (século XIX, Paris, Câmara dos Deputados).

Música

Era natural que o cantor por excelência inspirasse obras musicais. Citemos assim *La Favola d'Orfeo*, drama musical de Monteverdi (1607); *Orfeu*, cantata francesa de Rameau (1721); *Orfeu e Eurídice*, ópera de Gluck (1762); *Orfeu e Eurídice*, ópera de Haydn (1791), representada apenas em 1951; *Orfeu nos Infernos*, ópera mágica de Offenbach (1858), que escandalizou porque a ação é uma paródia da lenda (com cancan final), mas que obteve rapidamente um êxito estrondoso. Em *Os Infortúnios de Orfeu*, ópera de câmara de Darius Milhaud (1926), Orfeu é um curandeiro que cura os animais selvagens, Eurídice uma boêmia; a história é bem diferente da trama antiga... mas também acaba mal. Finalmente, *Orfeu 53*, ópera "concreta" de Pierre Schaeffer e Pierre Henry (1953), mistura de bel-canto à italiana e de sons eletroacústicos, provocou igualmente escândalo.

Cinema

Orfeu de Jean Coeteau (1949), seguido de *O Testamento de Orfeu*, 1959 (ver Literatura). *Orfeu Negro* de Marcel Camus (1959) é uma adaptação moderna do mito de Orfeu situada em pleno Carnaval do Rio de Janeiro. Uma outra adaptação moderna é-nos proposta por Jacques Demy, *Parking* (1985), em que a morte de Eurídice é causada por uma *overdose*.

ORFEU,
INSPIRADOR DA POESIA

Ao lado da história oficial da civilização, escrita para o maior número, existe a história secreta dos santuários, das crenças místicas, dos Mistérios sagrados que tiveram os seus templos em Elêusis e em Delfos. E é do Paganismo esotérico que me permito a liberdade de dizer algumas palavras, antes de aflorar, em sua simplicidade primitiva e em seu esplendor filosófico e profundo, o supremo mito da Hélade, o mais belo de todos a meu ver e o mais surpreendente sem dúvida: o mito de Orfeu.

Orfeu é o símbolo perfeito do milagre grego: não é só a personificação do ideal superior dessa Grécia que inspirou ao fulgurante Paul de Saint-Victor algumas das mais belas páginas da literatura universal, naquela sua prosa que parece escrita sobre diamantes; é também, como criador e iniciador dos mistérios sagrados da Trácia, o integrador da alma religiosa da sua pátria e o revelador da centelha divina das almas.

É fato aceito hoje, de Fabre D'Olivet para cá, com a sua *História filosófica do Gênero Humano*, de Saint-Ives d'Alveydre com a sua surpreendente *Missão dos Judeus*; é fato aceito, hoje, depois da *História dos povos do Oriente*, de François Lenormant e Máspero e dos inumeráveis estudos dos sábios modernos sobre uma nova interpretação dos *Vedas* e de todos os poemas sagrados da Índia, que o curso das civilizações segue por dois rumos diversos: um aparente, exterior, para as maiorias; outro oculto ou secreto, que é a história esotérica das religiões, destinada a um pequeno número de idealistas que acreditam ser a alma de origem divina e o homem um deus que chora, no exílio da Terra, a sua antiga pátria perdida...

Pois bem, Orfeu é a personificação desses dois ideais supremos da Hélade: o ideal profano da sua unidade política e religiosa, da transformação do seu país em uma obra de arte imortal, e do ideal místico, que aspirava a fazer da Grécia o santuário do mundo, ideal que afirmava, pela voz dos seus poetas e dos seus filósofos, que a Sabedoria é o supremo bálsamo da Vida e a única fonte da Felicidade, pregando ainda, pela revelação dos seus Iniciados, dos quais Orfeu e Pitágoras são as figuras centrais, a perfeição humana pela cultura da alma, pela meditação, que nos põe em contato com os deuses, pelos sentimentos grandes e nobres; em uma palavra, pela religião da Beleza.

Vejamos, porém, o mito de Orfeu em sua origem primitiva e, em seguida, em sua significação secreta e luminosa.

Diz a lenda que Orfeu era um adolescente, de fascinadora beleza, pastor da Trácia, que encantava as próprias feras com a sua lira prodigiosa. As pedras moviam-se para ouvir-lhe os cantos; as árvores desciam das montanhas próximas e, animadas, espiritualizadas, seguiam-lhe os passos em um mudo assombro; os rochedos, dóceis, abriam-se à sua passagem.

Argonauta, foi ao poder da sua lira, ao encanto das suas palavras, que a frota de Jasão logrou atingir a Cólcida longínqua e conquistar o velo de ouro, adormecendo o dragão, que o guardava, com a sua música maravilhosa...

Os escolhos, intransponíveis para as outras naves, afastavam-se docemente ao aproximar-se a proa onde Orfeu cantava. As sereias, cessando os seus cantares enganadores, vinham do fim do mar para ouvi-lo, maravilhadas; os monstros marinhos, debruçados das vagas, sorviam-lhe a voz como um filtro mágico, mudando o seu aspecto horrendo em expressões de alegria e de ternura...

Orfeu ama perdidamente Eurídice, uma ninfa que vivia pela margem dos rios a colher flores silvestres. Seu amor perdura para além da morte. Uma manhã em que cruzava um prado de plantas venenosas, a bela filha do Hebro morre, mordida por uma serpente, à maneira de uma flor que apenas vinha nascendo... Segundo outra versão, a sua morte foi causada pela vingança das bacantes da Trácia, sacerdotisas de Hécate, instigadas por Aglaonice, maga da Tessália.

Foi esta a tradição mitológica que adotei no meu poema por ser a mais conforme com o espírito simbólico da lenda.

Apenas nele Eurídice morre não por ciúme das Ménades, mas por uma vingança religiosa contra Orfeu, a quem votavam um ódio de morte por ser o poeta um pontífice de Elêusis, um sacerdote de Zeus e de Apolo, deuses solares, de templos opostos aos cultos sombrios de Hécate e das divindades lunares, das quais eram sacerdotisas.

Orfeu era o Iniciado da religião da Luz e da Beleza; as bacantes representavam o culto do Mal e das Trevas, da Luxúria e da Morte. Mas voltemos à lenda. O poeta não se consola da perda da sua amada e desce aos infernos para buscá-la; consegue trazê-la de novo à vida, para a Terra mais bela agora e mais perfeita, mas ao transpor a derradeira montanha do sombrio Império, esquece as palavras de Aidoneu — o Zeus subterrâneo das regiões infernais, que o havia avisado de não se voltar para trás, antes de sair do seu Reino de sombras — Orfeu não lembra o apelo fatal e, voltando-se para Eurídice, vai tentar beijá-la, quando vê, com indizível assombro, que ela se lhe esvai nos braços como um sonho, em uma segunda e irremediável morte.

Orfeu, vencido e triste, segue a clamar a sua grande dor pelas montanhas natais; tenta em vão encantá-la com a sua lira, mas o heptacórdio de marfim e de ouro, que vencera a própria morte, range uns sons inertes e parte-se, de repente, ante a tristeza do poeta, porque lhe faltava o sopro divino que a animava: a beleza de Eurídice.

Cheio da lembrança da sua amada ausente, Orfeu errou por toda a Grécia, até que um dia as bacantes, por vingança ou por ciúme, o estraçalharam todo, como panteras em fúria, revoltadas pela indiferença do poeta. Tumultuosamente encarniçam-se-lhe sobre os membros ainda quentes e, decepando-lhe a cabeça, atiram-na sobre o Hebro, juntamente com a lira que fizeram em pedaços. Miraculosamente, porém, Orfeu ainda cantava, clamando, em um supremo adeus de despedida: Eurídice! Eurídice! — enquanto ao lado da cabeça divina as cordas imortais da lira, concertando-se, unindo-se por si mesmas, em celestes harmonias iam vibrando sobre as águas e uma música jamais ouvida misticamente ia subindo, subindo das ondas doiradas do Hebro, até se perder nos céus, até se confundir na paz da aurora...

A interpretação vulgar das mitologias é a que vê na lenda de Orfeu apenas uma linda fábula do encanto que exerce sobre as almas a poesia e a música.

Além desse, não vêem outro símbolo vivendo sob as formosas alegorias das pedras que se movem para ouvi-lo, das feras que o seguem como escravas e vão rojar-se-lhe aos pés, fascinadas pelo seu canto; não descobrem, sob essas imagens diversas e encantadoras do mito, outra significação além da que por si mesmas exprimem como criações sedutoras e ingênuas da poesia e da lenda.

Orfeu é mais que a figura simbólica do próprio ideal superior de beleza que fez da Grécia a obra de arte por excelência da civilização humana, a flor luminosa da cultura universal. O que há de profundo e fulgurante no Mito da Trácia é a idéia mística que ele encerra, sob várias formas, é a sua significação oculta e radiosa. Orfeu não é só o poeta, é o revelador da Beleza sobre a Terra, é antes de tudo e sobretudo o Iniciado, o Vidente, o antecessor de Cristo, que prega a fraternidade humana pelo amor, que acredita na perfeição do mundo pela cultura da alma, em que vê um reflexo da Divindade, que promete aos exilados da Luz, que são todas as criaturas deste mundo, o perdido caminho da Perfeição, a beatitude do céu natal de outrora...

Afirma a nossa origem celeste, denuncia o nosso parentesco com os deuses e é dos primeiros criadores de religião que põem acima da própria Sabedoria o sentimento místico, profundo, da Beleza, por cuja influência solar e extraterrena crê que chegará um dia a existir sobre a Terra a Pátria Futura, o Reino da Fraternidade, o eleusino País da Paz e do Amor universal.

Esta é a face luminosa que me pareceu ocultar, na nevoa rósea em que fulgura, o misterioso mito, significação espiritualista que tentei esclarecer neste poema. Sob a magia da sua lira em que repousa musicalmente adormecida em seu divino silêncio a própria harmonia do Universo, ao encanto da sua voz melodiosa, fiz Prometeu libertar-se, no Cáucaso, o Inferno deixar de existir e confundir-se a pouco e pouco com o elisiano Reino dos Bem-aventurados, a alma humana ouvir soar a sua hora de redenção e pressentir o instante supremo de, quebrando as algemas silenciosas da matéria, librar-se em plena luz, retomando o caminho da sua pátria perdida, voltando a unir-se ao espírito único e imortal que anima todas as coisas, reintegrando-se no Todo divino, retornando ao seio materno das perenes auroras...

Ouçamos um hino órfico:

Como elas se agitam no universo imenso, como elas revoam e se buscam, as almas inumeráveis que se desintegram da grande alma do Mundo! Erram de planeta em planeta e choram no abismo a pátria esquecida. São as tuas lágrimas, ó Dionísio! Ó grande Espírito, ó divino Libertador! Acolhe as tuas filhas imortais em teu seio de luz!

Pouco importa saber se Orfeu existiu realmente. O que interessa, como motivo estético, é a significação simbólica da lenda.

A maioria dos mitólogos aceita-lhe a existência apenas como uma alegoria do prestígio que a Música exerceu sobre a alma simples dos primitivos pastores da Trácia. Os filósofos, porém, que têm estudado de preferência a história secreta das religiões, ao contrário dos que se ocupam tão-somente com a sua história exterior ou oficial, admitem que Orfeu tivesse existido de verdade mas que o seu aparecimento, como o de todos os grandes Iniciados, está florido de formosas lendas e originou, por sua vez, uma série de mitos novos. Mas vejamos, em rápidas palavras, o que era a Grécia na época da sua aparição.

Segundo Schuré, foi ao tempo de Moisés, cinco séculos antes de Homero, mil e trezentos anos antes de Cristo que na Trácia, a terra sagrada por excelência da Grécia, pátria predileta das Musas, surgiu Orfeu. O mundo antigo debatia-se, então, em uma luta religiosa e dissolvia-se lentamente. As velhas civilizações morriam aos poucos. A Índia já era apenas a sombra triste do seu antigo esplendor. A Assíria, sob o jugo de ferro da Babilônia, desencadeava uma onda de anarquia sobre toda a Ásia. Só o Egito, mais pelo poder dos seus sacerdotes e dos seus faraós do que pelas armas dos seus guerreiros, resistia ao embate da decadência, mas a sua influência não ia além das margens do Eufrates e das praias de ouro do Mediterrâneo.

A Grécia, mais que os povos vizinhos, atravessava um período de rivalidades políticas e religiosas que ameaçavam arrastá-la à desorganização e à morte.

Habitada por populações diversas que tinham a sua origem nos citas e nos celtas primitivos, sem unidade de crenças, de costumes opostos, influenciados por todas as civilizações anteriores, mal podia respirar o ar puro das suas montanhas, preocupada com a invasão daquela estranha gente a cuja presença os próprios deuses tutelares pareciam esquivar-se, abrigando-se nos santuários, que pairavam nos montes mais altos, sob a glória tranqüila de Urano.

Colônias do Egito, da Índia e da Fenícia enchiam-lhe os vales, dominavam-lhe o solo sagrado. No luminoso mar das Cícladas era uma nódoa de sangue a proa rubra das galeras fenícias, era um prenúncio de morte a proa negra das naus dos piratas da Lídia. Mas no bojo dos estranhos navios, carregados das riquezas da Ásia, dos mantos de Tiro, dos tapetes da Síria, dos vasos de ouro, das pérolas, das pedrarias do Oriente, viajavam também os sacerdotes desses longínquos países, que traziam sempre consigo a imagem, esculpida em madeira tosca, dos seus ídolos prediletos.

Não eram, para eles, simples superstições, mas representavam deuses cosmogônicos, "uma concepção civil e religiosa, um conjunto de leis", essas divindades vagas do seu culto. A esse tempo, toda a agitação, a febre espiritual dos povos, toda a sua vida de pensamento passava-se em torno dos santuários, transcorria na penumbra dos templos.

Juno era adorada em Argos, Ártemis na Arcádia, em Pafos e em Corinto. A Astartéia dos fenícios transformou-se na Afrodite dos gregos, nascida das espumas do mar.

Transplantado para a baía harmoniosa de Elêusis, o culto de Ísis reaparece nos Mistérios de Deméter, mãe dos deuses imortais. Entre o monte Himeto, onde as abelhas zumbem, sonhando com o berço de Platão e de Sófocles, e o Pentélico, onde os mármores estão à espera de Fídias e Praxíteles para acordarem as estátuas que dormem no seu seio divino, surge um templo, fundado por Erecteu, ao culto de "uma Deusa virgem, filha do céu azul, amiga da oliveira e da Sabedoria", protetora das cidades, guardiã de todas as portas. É em torno dela que durante as invasões dos inimigos os guerreiros se reúnem para renovar as suas forças e, confiantes e serenos, afrontarem a morte.

Acima das divindades locais havia os deuses cosmogônicos. O culto solar de Apolo já existia em Delfos mas ainda sem o prestígio, que virá a exercer mais tarde em toda a Grécia. Zeus era adorado no alto das montanhas, à sombra dos carvalhos de Dódona.

O povo, porém, a cuja inteligência escapava a compreensão de um deus único e universal, distribuindo justiça como despedia raios, cedo começou a preferir as divindades diversas que representavam, em seu natural encanto feminino, as forças obscuras da Natureza.

Os acidentes geológicos do próprio solo concorreram para a criação, em cada região da Hélade, de divindades diferentes, de inumeráveis mitos e lendas. Nos cimos dos rochedos como nos vales, à margem florida dos rios como nos bosques, nas planícies como nas colinas, em toda parte a Natureza era sentida e compreendida no seu mistério, adorada e temida na sua beleza múltipla e infinita.

A todas essas tradições mitológicas, porém, faltava um "centro social, uma síntese religiosa"; daí as lutas em que viviam os vários cultos e divindades.

Diz ainda Schuré que *"os templos inimigos, as cidades rivais, os povos diversos, divididos pelo rito, pela ambição dos sacerdotes e dos reis, odiavam-se, trucidavam-se em combates sangrentos"*.

Havia na Grécia, porém, a Trácia selvagem e rude, onde a fúria das procelas[1], varrendo o cimo das montanhas cobertas de neve e de carvalhos gigantes, era um

---

[1] Procelas: tempestades marítimas. (N. do E.)

símbolo perene de força e de grandeza. Os pastores dos vales e os guerreiros das planícies pertenciam a essa forte raça branca de que foram a flor representativa os dóricos do norte. Raça eleita, por excelência, que se caracteriza pelo culto da Beleza sob todas as formas, inclusive a da expressão do grandioso e do horrível na Natureza, ela foi quem divinizou a própria fealdade na máscara horrenda das Medusas e das antigas Górgonas.

À feição de todos os povos, cuja organização religiosa se originou na sombra dos templos, cuja unidade espiritual proveio da tradição esotérica dos santuários, como o Egito, o povo de Israel, e a Etrúria, a Grécia teve também a sua geografia sagrada, em que cada trecho do seu território era o símbolo de uma região intelectual, supraterrestre, do espírito. Na Hélade, a Trácia era esse país predileto dos deuses, o berço das Musas, a terra sobre todas venerada dos gregos.

Era no alto das suas montanhas que existiam os mais velhos santuários de Cronos, de Zeus e de Urano, o Tempo, o Céu e a Luz. Deles desciam, em harmonias eumólpicas, as artes sagradas, as leis, a poesia. E a história da Trácia é a confirmação de que foi, por certo, em suas montanhas que a Beleza teve o seu berço de rosas e, pela voz dos seus poetas fabulosos, despertou do seu sono divino...

À sombra dos seus loureiros nasceram os cantores lendários da Grécia: Tamíris, que celebrou a guerra dos Titãs e a quem as Musas vazaram os olhos por ter ele anunciado a morte da poesia e para que, à maneira dos pássaros, o seu canto fosse mais triste; Linos, que foi o primeiro a introduzir na Grécia os cantos melancólicos da Ásia, tentando transplantar para o seu país natal a flor exótica de uma poesia dolorosa e sombria, que não agradou ao espírito luminoso dos helenos.

Era uma arte feita de sombras e de volúpia triste que traduzia uma vitória das divindades lunares sobre os claros deuses do sol. Anfião que, ao contrário, celebrava a Alegria e a Beleza, representava a glória de um culto solar.

Ao encanto da sua voz as pedras se moviam e sob o prestígio da sua lira, também prodigiosa, se construíam os templos. Foi na Trácia que a tradição diz ter nascido Orfeu. Duas religiões, duas cosmogonias, duas organizações sociais opostas agitavam então a sua pátria em uma luta de morte: o culto dos deuses solares, cujos sacerdotes eram escolhidos entre os Eleitos, os Iniciados, com os seus templos no alto das montanhas inacessíveis às turbas, e o culto dos deuses lunares, à frente do qual se encontravam mulheres como sacerdotisas.

Tinham os seus santuários, de preferência, nas cavernas escuras, nos vales profundos e como divindade suprema Hécate, a lua maligna, sob cujos raios mágicos se entregavam a orgias estranhas na religião sombria da Volúpia e da Morte... Era então, como em todos os tempos, que se defrontavam, em uma perpétua luta, os dois princípios eternos do Bem e do Mal, representado um pelo culto dos deuses solares, Zeus, Apolo, Dionísio, outro pelo culto das divindades lunares, instituído pelas bacantes, que aos altares da Luz e da Beleza votavam guerra mortal, opondo-lhes a religião monstruosa das superstições secundárias, das paixões inferiores da alma humana. Esquecidos nos seus templos desertos, no cimo das montanhas, os grandes deuses já desesperavam de ver realizados os ideais dos seus Eleitos quando aparece, num recanto da Trácia, um adolescente de estranha beleza, que a todos encantava com a sua presença, que a todos seduzia com a sua voz melodiosa, que falava de Justiça e de Amor, de Fraternidade e de Paz, com um ritmo até então desconhecido, uma intuição em verdade divina.

Um belo dia, porém, o pastor humilde, que se dizia filho de Apolo, desaparece misteriosamente. Toda a Grécia, por onde correra célere a nova da sua aparição, não se conforma com a sua ausência, não se consola da saudade que ficou dos seus olhos de um azul profundo de céu, dos seus longos cabelos doirados caindo-lhe em cachos até os ombros... As mesmas bacantes adversas, que o seguiam de longe como feras amorosas, sentem a falta da sua beleza, a alegria luminosa da sua presença, porque diante da sua lira haviam cessado todas as discórdias.

Descera aos infernos, diz a lenda; mas a tradição secreta dos santuários afirma que ele se retira apenas para a Samotrácia e depois para o Egito onde foi recebido como um irmão pelos sacerdotes de Mênfis.

Passados vinte anos e já iniciado nos Mistérios, volta à sua pátria com o nome de Orfeu ou Arfa; o que quer dizer "aquele que cura por meio da Luz". Fulgurava ainda, então, em ruínas quase, no alto do monte Caucaion o mais antigo dos santuários de Zeus. Os sacerdotes já o iam abandonar, desanimados com a ascendência malsã nas classes populares das divindades malditas, quando se lhes depara Orfeu, por eles acolhido como um Iniciado, um verdadeiro emissário divino.

Pelo seu conhecimento da história esotérica das religiões, pela sua sedução sobrenatural, pelas suas palavras harmoniosas de bondade e de sabedoria, conquista novos adeptos e, dentro em pouco, logra dominar as superstições e as crenças populares, tornando triunfante em toda a Hélade o culto dos deuses solares da Beleza e da Serenidade. Restabelece a realeza de Zeus na Trácia; constrói o templo de Apolo em Delfos, de onde sairá o Tribunal dos Anfictiões, que se tornou a organização política da unidade nacional da Grécia.

Pela instituição dos Mistérios, para os iniciados apenas, conseguiu atrair a atenção do povo, transformando-lhe a parte mística ou secreta, incompreensível para a sua alma simples e ingênua, em poéticas alegorias, em festas encantadoras. Fundiu as religiões de Zeus e Dionísio em um só pensamento místico e universal, e assim se tornou o Pontífice da Trácia, o grande sacerdote de Zeus Olímpico e, para os iniciados, o revelador de Dionísio celeste, que afirmou a unidade divina do Universo e acordou na alma humana o raio do céu que a imortaliza.

O nosso tempo, diz o poeta-filósofo dos *Grandes Iniciados*, não crê mais na beleza da vida, e se, apesar de tudo, guarda uma profunda saudade de outrora, uma secreta e invencível esperança, deve-o a Orfeu, esse sublime Inspirado.

(Fonte: *Orpheu*, Homero Prates, Monteiro Lobato Editores, São Paulo, 1923.)

ORFEU - EURÍDICE

Orfeu recebe o dom do canto

Os homens ganharam dos deuses o dom da melodia, mas não sabem usá-lo. A flauta que Atena (Minerva) inventara serve apenas para alegrar os intermináveis festins dos Sátiros e dos Faunos. A lira, engenhosamente criada por Hermes (Mercúrio), é privilégio de Apolo e das Musas, suas companheiras. As mãos humanas revelam-se inábeis para extrair dos instrumentos qualquer harmonia. E suas vozes estão caladas nas rudes gargantas.

O tempo corre pelo dorso do mundo, como um arrepio. E um dia, feliz, vê nascer Orfeu. Completa-se a satisfação dos deuses. Pois finalmente surgira na terra um mortal capaz de entender a arte da música.

Desde a infância, o poeta revela possuir o talento da harmonia. Com seu canto suave, acompanhado de delicados acordes de lira, silencia os ruídos das selvas e transforma em acalanto o furioso bramido do mar.

Sentado no meio de uma clareira, tange a lira e a todos convoca para a grande sinfonia. Ao seu redor, reúnem-se os pássaros e as feras. Do fundo da terra, as árvores arrancam suas negras raízes e arrastam seus corpos para unir-se aos que cantam. Por um momento, a amargura abandona o peito dos homens. Os rochedos, como se tivessem alma, movem-se da antiga indiferença e também participam. Toda a Trácia vibra quando Orfeu esparge pelos ares sua poesia sonora.

Herdeiro dos deuses, ele jura cantar até o fim de seus dias. Cantar para fazer viver o que parecia morto. Para aliviar a miséria dos homens e romper a indiferença das coisas. Para domar o impulso das feras e acalentar a esperança de liberdade.

Na boca do poeta, um sorriso constante. Nas mãos, a lira que pacifica a terra. Distantes estão os caminhos do sofrimento.

O caminho da salvação consiste em libertar Eurídice, a alma prisioneira

Durante o século VI a.C. ocorreu, no mundo grego, uma revivescência da religiosidade. Os historiadores que analisam o fato colocam entre suas causas principais a linha política adotada em geral pelos tiranos que governavam muitas das cidades-Estados: para enfraquecer a aristocracia, que se supunha descendente dos deuses protetores da *pólis* ou cidade-Estado, os tiranos favoreciam a expansão de cultos populares ou estrangeiros. Dentre as chamadas "religiões de mistérios", de caráter iniciático, teve então grande difusão o culto de Dionísio

(Baco), provindo do Oriente, que passou a constituir o núcleo da religiosidade órfica.

O Orfismo derivou seu nome de Orfeu, aquele que primeiro teria recebido a revelação de certos mistérios e os teria transmitido a alguns iniciados, sob a forma de poemas musicais. Era uma religião essencialmente esotérica que guardava seus segredos para revelá-los somente àqueles que se dispunham a seguir determinado "caminho de vida". Os órficos acreditavam na imortalidade da alma e na metempsicose, ou seja, a transmigração da alma através de vários corpos, recurso indispensável à sua purificação. A alma aspiraria, por sua própria natureza, a retornar à sua pátria celeste, às estrelas; para isso, todavia, era necessário receber a ajuda de Dionísio, o deus que completava a libertação da alma, já preparada por práticas catárticas, como a abstinência de certos alimentos ou o silêncio.

Os órficos possuíam uma concepção própria sobre a origem do universo e do homem. No início, para eles, existiria um ovo, de onde saiu Eros, o Amor. Eros torna-se, assim, o princípio das gerações que se sucedem. Graças a ele é que serão criados os outros deuses e o Universo.

A origem do homem estaria vinculada a um crime: na versão órfica, os Titãs, inimigos dos olímpicos, matam Dionísio, deus-menino. A morte do filho é vingada por Zeus (Júpiter), que, com seus raios, destrói os Titãs, reduzindo-os a cinzas. Destas cinzas será constituída a raça humana, marcada visceralmente por dupla natureza: dionisíaca e titânica. Ambivalente, o homem é o campo onde se confrontam forças antagônicas de luz e sombra, bem e mal. E o caminho de salvação, proposto pelos órficos, consiste em libertar a alma — Eurídice prisioneira

— das trevas titânicas, despertando a centelha dionisíaca, divina, que ela abriga.

Na concepção de Homero (século IX a.C.), a alma (Psique) é simples duplo do homem, destinada a vagar no escuro reino de Hades (Plutão), após a separação definitiva do corpo; como sombra a subsistir apenas durante algum tempo, a alma segue o lúgubre cortejo de Hades; inoperante, não tem mais qualquer interferência sobre os mortais (o que explica que, nas epopéias homéricas, o culto dos mortos esteja quase inteiramente abolido). A religião "apolínea" das epopéias volta-se para o que é luminoso, nítido, claramente concebível e representável à imagem da vida presente. Essa exaltação da vida presente é que satisfaz ao público de Homero, à aristocracia, garantida e legitimada pelos deuses do Olimpo, que constituem uma "sociedade de nobres imortais".

Na concepção órfica, ao contrário, o presente é visto apenas como etapa a ser vencida rumo ao futuro da salvação. E a alma — enquanto centelha de luz divina, dionisíaca — é o aspecto mais elevado do homem, que lhe preserva a individualidade, apesar das múltiplas existências terrenas que são o itinerário de retorno à pátria celestial. Cada corpo — e cada situação concreta, como posição social ou sexo — vale apenas como momento na trajetória de ascese e purificação. Os sucessivos corpos com que se reveste são, para a alma, os cárceres dos quais deve renascer. Isso faz com que as diferentes situações em que ela vive tenham valor apenas provisório e relativo: valem na medida em que permitam à alma caminhar em direção à libertação final do "ciclo das reencarnações". Nada tem valor definitivo e absoluto; essa tese, implícita na concepção de um princípio anímico que transcende os corpos e as situações concretas, relativiza o momento e a circunstância presentes, situando a sede dos valores reais naquele futuro que representará a recuperação de uma origem remota e extraterrena.

Compreende-se, pois, que esse tipo de religiosidade se difundisse nas camadas populares da sociedade grega: ao presente, dominado pelos aristocratas e seus aliados (os deuses olímpicos), o Orfismo contrapunha a promessa de um futuro diante do qual todos os homens eram iguais. E, se havia alguma distinção a ser feita entre os homens, essa não dependia de sua condição exterior de vida, mas de seu modo interior de vivê-la. Assim, ao contrário da religião toda externa, puramente "oficial" e política, referente às divindades do Olimpo, o Orfismo propunha-se como religiosidade interior, relativa à vida íntima do homem, à reforma de sua subjetividade: como "via de salvação".

A salvação prometida pelo Orfismo pretendia levar o indivíduo para além de si mesmo, para além de sua situação imediata. Cada passo no caminho da libertação representava um "sair de si". Esse é o motivo da importância fundamental atribuída pelos órficos às práticas religiosas que conduzissem ao arroubo, àquilo que os gregos entendiam por "entusiasmo".

Na efetivação desse êxtase, desse "estar fora de si mesmo", a música representava recurso propiciatório indispensável. Além de servir de meio de preservação e difusão dos conteúdos doutrinários, a música, da qual Orfeu era o patrono, constituía um fator de modificação das disposições da alma (das condições psicológicas, dir-se-ia hoje), a permitir a exaltação, a ruptura dos limites atuais, a embriaguez, o arroubo, a libertação orgiástica dos rituais dionisíacos. Dionísio, deus libertador, conduzia a alma pela via do êxtase: delirante além do seu cotidiano — seu cárcere provisório —, a alma experimentava aquele "além" que lhe acenava como pátria e futuro. E se, vulgarizado, Dionísio passará à tradição dos romanos como Baco, deus do vinho, é porque originariamente seu papel fora o de conduzir a alma à salvação pela exaltação dos sentidos, pelo abandono provisório de sua provisória condição presente e limitada.

Do delírio à matemática

O culto oriental de Dionísio foi absorvido e adaptado pelos gregos. Representando a reintegração do irracional e do misterioso na concepção do divino, rapidamente se expandiu sob a feição de Orfismo. Do norte até o sul da Grécia, o Orfismo adquiriu numerosos adeptos, atravessando depois o mar e passando a gozar de ampla aceitação na Magna Grécia (sul da Itália e Sicília). Foi aí, na cidade de Crotona, que, no século VI a.C., Pitágoras de Samos fundou uma confraria científico-religiosa. Absorvendo a doutrina religiosa órfica, o pitagorismo transformou, porém, o sentido da "via de salvação": em lugar de Dionísio, colocou a matemática, que permitiria ao indivíduo ordenar a sua vida interior, pondo-a em consonância com a harmonia universal.

Filho de Apolo, mais que de Dionísio, Pitágoras traça novo caminho de purificação: a libertação da alma resultaria do trabalho intelectual, puramente humano, que descobre a estrutura numérica das coisas e, assim, torna a alma semelhante ao cosmo, em proporção e beleza. A música de Orfeu teria permitido a Pitágoras subordinar todas as coisas à ordem e à medida: verificara, em um instrumento musical — o monocórdio —, que o som varia segundo a extensão da corda sonora; ou seja, descobrira que o som depende da extensão, a música depende da matemática.

A partir do surgimento da corrente pitagórica, torna-se difícil separar, no desenvolvimento das idéias religiosas, filosóficas e científicas, o Orfismo do Pitagorismo. Assim é que pensadores como Empédocles de Agrigento (495? — 435? a.C.) e Platão (427? — 347? a.C.) podem ser vistos como herdeiros da tradição órfico-pitagórica.

O poeta aventureiro segue os Argonautas

Já se apressam os preparativos para retomar a longa viagem em busca do Tosão de Ouro. Desconhecendo a grande aventura dos navegantes, Orfeu passeia pelas florestas e com o seu canto adormece os animais. Os Argonautas ouvem-no e então se lembram da profecia do centauro Quirão: o poeta deveria acompanhá-los na grande aventura, para ajudar a combater os perigos das Sereias.

Bastou um aceno dos heróis e Orfeu aceitou o convite. Gostava do mar e partilhava com os Argonautas a idéia de libertar a pátria, conquistando a pele de ouro do animal sagrado.

É alta madrugada quando Jasão, mais uma vez, dá a ordem de partida. Inútil. A nave Argo não sai do lugar. Uma força misteriosa imobiliza-a nas areias do porto. Na praia, o povo a tudo assiste e lastima o empenho frustrado dos heróis. De peito nu, Jasão empurra os ferros da Argo. Implora aos deuses. Tudo em vão. Como se tivesse vontade própria, o navio permanece pregado ao continente.

Então, um marujo pede a Orfeu que cante. Talvez sua música tenha poderes sobrenaturais. Imediatamente, o poeta tange a lira. Sua doce voz é acompanhada pelos navegantes, que, um a um, timidamente lhe fazem coro. O povo também canta. Unidas as vozes e as vontades, sob o comando suave do poeta, o barco põe-se em movimento.

Nas margens, emocionada, a multidão chora. As crianças cantam a vitória. Os adultos acenam lenços brancos, desejando sucesso aos Argonautas. Toda a Grécia escuta o forte grito de Jasão: "Largar!"

Agora, em pleno mar, os Argonautas descansam e imaginam como seriam as terras desconhecidas para onde se dirigem. A lua surge e envolve em prata o contorno solitário da Argo.

Mais uma vez, Orfeu dedilha sua lira. Os marujos cantam, acompanhando a bela voz do filho de Apolo. Os remadores encontram naquele ritmo sereno o impulso de que precisam para prosseguir sem cansaços.

Junto à bandeira que tremula no mastro, Jasão não sente frio nem medo. Longe dali, a pele do animal sagrado o espera. O destino está traçado, mas ele não o conhece. O canto de Orfeu é a única certeza.

Do outro lado das nuvens de prata, os deuses ouvem, deliciados, a voz do poeta.

As bodas trágicas de Orfeu e Eurídice

Quando a Aurora[1] chegou com seus cavalos vermelhos, não encontrou desespero na alma dos noivos. Orfeu e Eurídice sorriam como se nenhum mal lhes pudesse fazer o Destino. Como se estivessem marcados para a felicidade eterna. Só a paixão vivia neles.

Nos campos da Trácia, a festa tem início. O povo participa da esperança de que aquele amor seja vitorioso e possa transmitir força aos que se sentirem fracos.

Há comida e bebida em abundância. Orfeu canta e vozes amigas acompanham-no, comemorando sua alegria. Os olhos do poeta estão cravados na imagem serena da amada. Eurídice também fita, com ternura, aquele que será seu esposo dentro de poucos instantes.

O rosto delicado, o passo tímido, as formas leves: cada traço de Eurídice é, para Orfeu, um motivo a mais para cantar.

Entretanto, do alto do Olimpo, os deuses espiam e desatam a gargalhar: pouco tempo haveria de durar aquela felicidade.

Os noivos tinham convidado Himeneu, deus protetor dos casamentos, para que abençoasse suas núpcias. Mas, tão logo o imortal chega, uma angústia negra invade-lhe a alma. Lágrimas inundam seus olhos piedosos. Como contar aos namorados o terrível segredo que ele agora conhece? Como encher de luto o coração apaixonado do poeta?

Himeneu não tem coragem. Envolto em seu manto

---

[1] Aurora: deusa da manhã, encarregada de abrir as portas do Oriente ao sol. (N. do E.)

amarelo, ele parte para sua divina morada. Ainda uma vez, volta-se para ver o riso farto de Eurídice, que, de mãos dadas com seu cantor, entoa versos felizes.

Orfeu percebe o afastamento do deus e grita-lhe, com toda a força de seu peito, que fique na festa. Himeneu não pode recusar. Junta-se aos convidados. Mas, durante todo o tempo segura na garganta a sinistra mensagem que lhe enviaram os céus. Trouxera uma tocha acesa, símbolo da paixão eterna, que lentamente se apagou. (Os noivos nada viram, nem entenderam, tão imersos estavam em sua alegria.) Contendo o pranto que tenta explodir, o deus permanece até o fim da festa.

O sol já se põe, cansado, e uma nuvem de sangue anuncia a chegada da noite. Os convidados se retiram. Himeneu parte, desta vez para sempre.

À sombra das árvores, Orfeu repousa e aguarda a hora de possuir a amada Eurídice.

A súbita morte de Eurídice

As Dríades, alegres Ninfas[2] das árvores acompanham a recém-casada em seu passeio noturno. Ágil como um pássaro, Eurídice corre pelos campos. Está feliz. Seu amado descansa da festa: em breve estarão juntos, no mesmo leito, para toda a vida.

A lua ilumina seu rosto suave. Os grandes olhos refletem paixão e esperança. O riso inocente torna ainda mais bela a imagem de Eurídice. Atrás dela, as Dríades também correm, leves como as folhas das árvores.

---

[2] Ninfas: divindades femininas ligadas aos elementos da Natureza. As dríades eram as ninfas dos bosques. (N. do E.)

(O presságio de Himeneu está cada vez mais próximo de realizar-se.)

Como a noite está quente, Eurídice despe-se e mergulha nas águas de um lago límpido como seus olhos de virgem.

E o caçador Aristeu a vê. Mal pode crer na imagem da beleza. Explode dentro dele um desejo violento, convulso, irrefreável. Sabe que aquela ninfa é a esposa do poeta. Sabe que será inútil tentar possuí-la pela força. Mas a paixão consome-lhe a alma. Aristeu lança-se sobre a frágil nudez de Eurídice. Em pânico, temendo indesejado amor, ela foge. As Dríades, espavoridas, dispersam-se pelos bosques à procura de Orfeu[3].

Na escuridão das árvores, a ninfa nem viu o perigo fatal: uma serpente armava o bote e preparava-se para morder-lhe o pé. A dor da picada e a antevisão dos Infernos fazem Eurídice gritar enlouquecida. Porém, naquele momento, apenas os pássaros a escutam.

O veneno penetra pouco a pouco no belo corpo da virgem. Ainda uma vez ela pronuncia o nome de Orfeu. Depois cai morta.

O poeta começa sua penosa caminhada em direção ao cadáver da esposa. A alma de Eurídice já se desprendera da carne sofrida, soltara-se pelo espaço infinito, e agora, errante e mendiga, procura um lugar onde possa aguardar sua sentença eterna.

Obedecendo a um comando superior, desce aos subterrâneos das desesperanças: o mundo dos torturados, dos famintos, dos que não voltam mais. Os Infernos.

---

[3] Esta é mais uma das versões conhecidas sobre a morte de Eurídice. (N. do E.)

Lá não existe nem o sol que arde sobre a natureza, nem as flores da primavera, nem o desejo dos namorados. Não existe esquecimento. Nem perdão.

Sob o governo de Plutão, senhor dos mortos, as almas padecem penas infinitas como a maldade dos homens e o poder dos deuses.

Eurídice, peregrina entre as sombras

Quando o poeta vê a morte nos olhos de Eurídice, tenta cantar a dor, maior que todas as esperanças, mas sua garganta permanece muda. Ele percebe logo que é impossível ressuscitar a amada. Todavia, como não pode acreditar na desgraça, procura aquecer-lhe com os lábios o peito frio e sopra-lhe no ouvido doces palavras de amor. Inútil. Ela está irremediavelmente morta.

O poeta deixa-se cair sobre a relva que ampara a carne pálida da esposa, e ali fica, perplexo e dolorido, como se também dentro dele estivesse o veneno da serpente.

Fita o céu, exigindo resposta. Mas os deuses só lhe apontam o trágico caminho. Orfeu deve ir aos Infernos, onde já se encontra a alma da esposa. Precisa encontrar forças dentro de si para cantar e comover as divindades subterrâneas, que, de outro modo, manterão cerradas as portas de seu mundo e não deixarão a bela ninfa retornar.

Recém-chegada às trevas infernais, Eurídice é apenas um reflexo daquela que há pouco tempo atrás brincava com as Dríades. Curvada, mancando sob a dor da ferida, ela ouve brados lancinantes que preenchem o espaço negro. Volta-se para todos os lados, mas não vê quem grita.

Precisaria muitos séculos para acostumar-se à escuridão e conhecer as torturas dos mortos, seus companheiros.

Orfeu, na superfície da terra, canta para adquirir forças. Deve seguir em busca da amada. Nada mais terá sentido e sua música perderá a razão se não encontrar Eurídice.

Como um grito, o canto do poeta penetra a floresta. Os seres selvagens detêm-se, penalizados. As pedras, os rios, até as feras se comovem com aquela voz cheia de angústia. As cascatas param e as águas congelam, quando Orfeu começa sua triste viagem.

Eurídice nem imagina a aproximação do poeta. Peram-bula pelo solo árido dos Infernos e chora longamente sua saudade.

Lá em cima, distante do eterno desalento, o Sol nasce para iluminar os homens e sua luta. Mas os mortos não podem vê-lo.

O amor faz o poeta descer aos Infernos

Com sua saudade, o poeta caminhou longos dias e noites penosas. Percorreu encostas íngremes e atravessou florestas hostis. Encontrou os vivos lamentando a vida, e por um instante desejou consolá-los, contando seu próprio martírio. Mas ninguém o ouvia, pois sua voz estava ainda fraca, seu coração levava luto amargo.

Na entrada dos Infernos — soturna gruta, ao pé do monte Tênaro — Orfeu pára. Ainda uma vez, contempla a exuberante paisagem ao redor. Depois, despede-se da luz: dali por diante tudo será negro e árido.

A porta está aberta. Só falta ousar a descida. O poeta sabe que talvez aquele caminho não tenha retorno, mas o doce vulto de Eurídice preenche-lhe os pensamentos, e ele se sente corajoso. Inicia o mergulho.

Na trilha escura, há frio e silêncio. Orfeu canta, porém só o eco devolve-lhe a resposta procurada. De repente ele vê uma lama imunda que exala um odor horrendo. É o rio Estige, uma das sendas percorridas pelos mortos em sua última viagem.

Uma compaixão infinita imunda a alma do poeta e o pranto salta-lhe dos olhos.

Senta-se às margens sombrias e estéreis, onde não brotam senão flores sepulcrais e raízes secas como os cabelos dos mortos. Ali aguarda o barqueiro Caronte, que conduz as almas para o outro lado do Estige.

O barqueiro chega. Ao ver um homem vivo, assusta-se. Há uma dolorosa diferença entre as cores do rosto do estrangeiro e a tez pálida das almas condenadas.

No entanto, nega-se a conduzir o poeta, talvez por não ter ele o óbolo, preço exigido para a travessia. Em sua barca, afirma, só podem entrar os que não têm mais carne, nem futuro, nem esperanças. Orfeu nada replica; apenas tira a flauta do meio das vestes já corroídas pela caminhada e entoa melodias de amor.

O barqueiro, comovido, esquece-se por um momento do rio de lama, onde cumpre seu ofício de angústias, e relembra o tempo em que passeava pela superfície da terra, altivo como árvore indestrutível.

Abre, então, os braços e o riso, como há muitos séculos não fazia, e recebe no bojo de seu barco trágico o homem que procurava a sombra da mulher. Sente-se subitamente capaz de cantar, e sua alma de morto enche-se de fúria e febre, como se renascesse. Assim, juntos e entoando melodias alegres, Caronte e seu estranho visitante viajam pelo Estige e chegam às portas do reino da dor.

(Eurídice ainda chora de saudade. Seus olhos tristes não imaginam mais a alegria de rever o poeta.)

Canto de Orfeu ameniza os Infernos

No outro lado, tudo é dor. A escuridão é ainda maior que nos caminhos do Estige. E o silêncio, por enquanto, é tão grande que o poeta, sozinho de novo, sente desejo de rompê-lo com seu canto forte. Mas ainda é cedo para isso. É necessário palmilhar lentamente o solo desgraçado dos Infernos e encontrar o rei das sombras: ninguém mais poderia devolver-lhe a amada Eurídice.

Passo firme, Orfeu continua. Sobre sua cabeça voam sombras cinzentas, que ele não percebe. Obstinado, procura Plutão e sua esposa Prosérpina, enquanto os fantasmas rodopiam ao redor. Reconhecem-no. E, com vozes geladas, sussurram-lhe ao ouvido, pedindo que cante um pouco. Inútil. Ele continua na direção única que lhe interessa naquele momento: o duplo trono, onde os soberanos das trevas permanecem sentados por toda a eternidade.

Ao vê-los, toma da lira com as mãos trêmulas e entoa seu canto de amor, maior que todos os cansaços: "Ó divindades deste mundo subterrâneo onde caímos todos nós, criaturas mortais! Se eu puder, se vós me permitis dizer francamente a causa de minha descida até aqui... Não é o desejo de conhecer o escuro Tártaro, mas, sim, minha esposa... Uma vípera, sobre a qual ela pôs o pé, espalhou-lhe nas veias um veneno que interrompeu o curso de seus anos. Eu queria encontrar a força de suportar esta perda, e não nego que o tentei. Mas o amor ganhou. Conheceis o amor? É um deus bem conhecido sobre a terra, acima daqui! Por estes lugares, tomados por este imenso Caos, por este vasto mundo de silêncio, eu vos peço um favor: fazei novamente um nó no fio do destino de Eurídice, tão precocemente cortado. Tudo é submetido a vossas leis e ninguém deixa de tomar — mais cedo ou mais tarde — o caminho desta estrada comum. Terminamos todos aqui. Esta morada é para todos a última e o vosso reinado sobre o gênero humano é o de maior duração. Ela também, quando tiver vivido seu justo número de anos, ao chegar o momento estará em vossas mãos. Todo o favor que vos peço, portanto, é poder gozar o que é meu. E, se o Destino recusar essa graça à minha esposa, estou decidido: renuncio a voltar atrás. Alegrai-vos, então, por nossa dupla morte".

De repente, as almas soluçam, como se revivessem diante do canto do poeta. Talvez não houvesse castigo maior que a impossibilidade de chorar — e, quando elas choram, uma alegria tímida as ilumina, iluminando, pois, uma parte da escuridão daquele mundo.

Os torturados param por um momento de cumprir suas penas. Tântalo, o filho de Júpiter, castigado a padecer de fome e sede eterno, deixa de tentar beber as águas do lago que sempre desaparece. Abandona a mesa onde a comida apenas serve de tentação. Como se não tivesse mais fome nem sede, ouve o canto de Orfeu extasiado, saciado.

Sísifo devia rolar uma enorme rocha por uma escarpa. Tão logo a pedra chegava ao cume do monte, despencava pelo outro lado, e ele tinha de recomeçar o inútil trabalho. No momento do canto, também deixa de lado seu castigo. Senta-se sobre a rocha de seus martírios incessantes e, emocionado, escuta o poeta.

As Danaides, condenadas a encher um tonel sem

fundo, param seu inútil ofício. A roda de Ixião não gira mais. Pela primeira vez, lágrimas caem dos olhos insensíveis das Fúrias, sempre ocupadas em castigar os crimes dos parricidas e dos perjuros.

(Naquela hora bendita, o amor transformara os Infernos em uma clareira acessa de compaixão e fraternidade.)

Ao olhar para trás, a sombra pálida de Eurídice retorna para a morte

Depois do canto sublime, Prosérpina e Plutão, comovidos com tão grande paixão e tanta luta, mandam chamar Eurídice para entregá-la ao poeta.

Ela chega ainda machucada e sem alento. Entretanto, tão logo vê o esposo, seus olhos enchem-se de luz, e um riso largo entreabre-lhe outra vez os lábios pálidos.

Desejosa de entregar-se ao seu cantor por toda a eternidade, a ninfa estende-lhe os braços magros. Porém os soberanos infernais não permitem o abraço. Apenas consentem na partida do casal.

No último instante, Prosérpina ainda avisa o poeta: ele deverá ir sempre na frente. Enquanto estiver na região in-fernal, não poderá voltar-se uma só vez para contemplar o rosto da amada. Se o fizer, perderá para todo o sempre sua Eurídice, que voltará sozinha para o reino das sombras.

Os jovens partem. Orfeu, sempre alguns passos à frente na senda da libertação, canta durante toda a viagem. Sabe que a ninfa, escutando-o, sente-se feliz.

Às margens do Estige, ainda sem olharem um para o outro, os dois enamorados encontram Caronte. Contente por rever seu amigo vivo, o velho apressa-se em conduzi-lo para o outro lado do rio infernal. Depois volta e coloca Eurídice na barca.

Agora no mundo dos mortais, longe daquele negror in-finito de onde saíra, o poeta mal contém o desejo de rever o rosto amado. O aviso de Prosérpina ecoa-lhe nos ouvidos. Eurídice vem vindo, com o barqueiro Caronte e, no fundo da alma, implora aos deuses que o esposo não ceda à tentação de mirá-la. Falta tão pouco para se unirem novamente...

No último instante, esquecendo-se das palavras da rainha infernal, Orfeu cede ao imperioso desejo. Volta para trás o olhar aflito e vê apenas uma sombra, translúcida e chorosa, que retorna à escuridão. Tudo está perdido.

O poeta, desesperado, roga muitas vezes a Caronte que traga Eurídice à margem dos vivos. Mas o barqueiro, movido unicamente pelo comando de Plutão, nem escuta o pedido, e leva a sombra da jovem ao seu lugar definitivo. Ainda uma vez, o poeta canta versos fortes e apaixonados. Porém os Infernos já não ouvem. E ninguém se comove.

Sozinho, desolado, como se deixasse nas sombras uma parte de si mesmo, Orfeu volta à superfície da terra. Nada mais poderá fazê-lo sorrir. Seu canto faz-se para sempre triste, de uma tristeza infinita, como se o poeta estivesse apenas aguardando o momento de morrer para rever a amada.

Dizem que muito mais tarde, depois de errar pela Trácia com seu desespero e de ter fundado uma religião sua, Orfeu perdeu a vida de forma estranha.

As Bacantes, enamoradas, procuraram seduzi-lo. E ele, negando-se sempre, em nome da memória de Eurídice, tentou escapar pela floresta. Elas o seguiram e conseguiram apanhá-lo. Furiosas, estraçalharam-lhe as roupas e rasgaram-lhe a carne.

Feito em pedaços o corpo do poeta, sua alma, enfim livre, pôde partir para os Infernos. E lá, unindo-se a Eurídice, perambula sobre o solo árido dos mortos. Cantando o amor que era maior que a morte.

(Fonte: *Orfeu-Eurídice-Mitologia,* Volume II, Abril Cultural, São Paulo.)

O SIGNO DE ORFEU

Orfeu[1], filho de Calíope, a mais digna das Musas, é um personagem de origem trácia que, por virtude do seu nascimento, aparenta uma certa proximidade com o Olimpo. A tradição caracteriza-o como um amante da poesia, da música e do canto que exerce com grande mestria, chegando a manifestar um poder encantatório face aos animais e aos homens. A sua arte institui-se no limiar do Sagrado, tanto mais que a sua participação na grande aventura dos Argonautas deixa supor que ocuparia uma função vagamente sacerdotal.

Eurídice, a mulher que amava, é vitimada por uma morte inesperada e absurda quando, perseguida por

---

[1] O resumo do mito de Orfeu que a este propósito propomos é uma adaptação simplificada e reduzida aos pormenores mais marcantes, feita a partir da descrição que Pierre Grimal tem no seu *Dicionário de Mitologia* (Pierre Grimal, *Dictionnaire de la Mythologie Grecque et Romaine*, PUF. Paris, 1963, p. 332/3.)

Aristeu, é picada mortalmente por uma serpente, sendo precipitada nos Infernos. Orfeu, conhecedor daquilo que tinha acontecido, decide-se a procurá-la nesse território onde habitavam Hades e Perséfone. O acesso a este local sombrio não se afigurava fácil, mas Orfeu, utilizando a arma do seu canto e da sua arte, consegue acalmar os monstros infernais, de tal modo que Hades e Perséfone consentiram em restituir Eurídice, comovidos perante uma tão grande prova de afeição. Todavia, faziam-no com a condição (sempre a condição!) de Orfeu não olhar para trás durante a subida que os levaria das trevas infernais até a luz do dia. Iniciada a viagem, o herói começou por cumprir a exigência dos deuses mas, já perto do fim, decide-se a olhar, já que suspeitava de um ardil de Perséfona[2]. Ao fazê-lo, Eurídice morre pela segunda vez.

Tenta voltar, mas as portas dos Infernos são-lhe vedadas, vendo-se obrigado a regressar, inconsolável, ao reino dos humanos. Os seus dias terminarão com uma morte violenta, atribuída, segundo tradições não muito coincidentes entre si, quer às mulheres trácias, quer ao próprio Zeus, irritado pelas revelações místicas feitas por Orfeu aos iniciados dos seus mistérios.

Exposto sucintamente o Mito, é ocasião de deixarmos correr a nossa imaginação, aproveitando as sugestões

---

[2] Perséfone teria razões para tais atitudes, uma vez que também ela foi vítima de uma traição que terminou com o seu rapto por Hades. Sua mãe, Deméter, a deusa da terra cultivada, atormentada pelo desgosto, fez com que a Terra deixasse de produzir. Como a ordem do mundo se encontrava ameaçada, Zeus chega a um acordo com Hades de forma a que Perséfone passasse uma parte do ano com a mãe.

simbólicas que nos oferece. Esta história "exemplar" é em certo aspecto, a do controverso poder da criatividade da Arte, resumindo de uma forma sintética e profundamente bela algo que procuramos dizer por uma via analítico-discursiva. Orfeu é o artista, o criador por excelência. A sua vida é marcada por esse sentido estético-lúdico que apazigua os homens e impressiona os deuses, assinalando-se nesta singular imagem a dimensão ética e prática dos objetos estéticos enquanto passíveis, à sua maneira, de transformarem comportamentos e atitudes, de fazerem irromper aqui e além a possibilidade de um mundo-outro, em um tempo-outro.

O mito do herói trácio sugere-nos uma ambigüidade da sua situação que se situa entre o sagrado e o profano, entre o humano e o singular e o porta-voz de um segredo divino. A sua posição privilegiada advém-lhe da melodia da sua voz, da beleza insustentável dos seus poemas. Com Orfeu, a Arte permite uma aproximação ao sentimento religioso no sentido mais amplo que esta expressão transporta, isto é, um processo de união, de ligação ordenada da totalidade da experiência, de vivência articulada de uma mundividência original. A sua universalidade é paralela da enigmática apropriação que realiza face aos seus singulares mais diferenciados. A magia abrange mortais e imortais, homens e animais, deuses da Luz e das Trevas!

No destino trágico que foi o seu, Arte, Amor e Morte acabam por se encontrar. A frustrada salvação de Eurídice, se lhe manifesta o poder único dos seus gestos, mostra-lhe também as suas limitações, pois os Deuses comovem-se uma vez, mas não sempre; o seu reino entreabre-se tão facilmente como se fecha. Na sua tristeza sem fim, Orfeu descobre a força incomensurável de Zeus.

Descobre, afinal, que a Arte pode muito, mas não tudo...

Se pensarmos bem, os sofrimentos do herói resultam da percepção consciente da sua situação de mortal, da suspeita que lhe corrói a alma durante a subida para a superfície ao pensar que uma vez mais os Deuses se divertiam em enganar os Homens. Imaginaria, talvez, o sorriso irônico de Perséfone ao vê-lo caminhar confiadamente, na convicção de que Eurídice o seguiria. Mas Orfeu não quer ser joguete de ironias divinas. Quer saber, e já. E Eurídice desvanece-se definitivamente ante o seu olhar!

Também o Criador não escapa ao destino humano. Também ele duvida e suspeita quando percorre o seu caminho; também ele é castigado. Antes assim, pois é preferível encarar a verdade do que atravessar a Vida acompanhada pela incerteza de uma sombra que a nada corresponda. Tal como a Vida, o Mito termina com a Morte. Mas deixa-nos a certeza de que na repetição do Ciclo do Tempo fará parte para todo o sempre, assim o esperamos, o universo libertador que se ergue sob o signo de Orfeu.

(Fonte: *Dictionnaire de la Mythologie Grecque et Romaine*, PUF, Paris, Barcelona, 1963, pp. 332 e 333.)

ÍNDICE

Prefácio do editor para esta edição brasileira	5
Prefácio do autor	11
À memória de Margherita Albana Mignaty	15
Introdução sobre a doutrina esotérica	17
I - A Grécia pré-histórica, as Bacantes e a aparição de Orfeu	43
II - O templo de Júpiter	55
III - Festa dionísica no Vale do Tempe	63
IV - Evocação	73
V - A morte de Orfeu	81
Textos complementares	
Orfeu	95
Orfeu, inspirador da poesia	105
Orfeu - Eurídice	119
O signo de Orfeu	139